U0917299

砺难人生　如初心灵

天涯之桑

——虔谦散文

（美）虔　谦◎著

九州出版社 JIUZHOUPRESS｜全国百佳图书出版单位

图书在版编目(CIP)数据

天涯之桑:虔谦散文 / (美)虔谦著. —北京 :
九州出版社，2013.3
(世界华人文库.第3辑)
ISBN 978-7-5108-2021-2

Ⅰ.①天… Ⅱ.①虔… Ⅲ.①散文集－美国－现代
Ⅳ.①I712.65

中国版本图书馆 CIP 数据核字(2013)第052780号

天涯之桑

作　　者　虔　谦　著
出版发行　九州出版社
出 版 人　黄宪华
地　　址　北京市西城区阜外大街甲35号(100037)
发行电话　(010)68992190/2/3/5/6
网　　址　www.jiuzhoupress.com
电子信箱　jiuzhou@jiuzhoupress.com
印　　刷　北京广达印刷有限公司
开　　本　710毫米×1000毫米　16开
印　　张　17.5
字　　数　302千字
版　　次　2013年4月第1版
印　　次　2013年4月第1次印刷
书　　号　ISBN 978-7-5108-2021-2
定　　价　34.00元

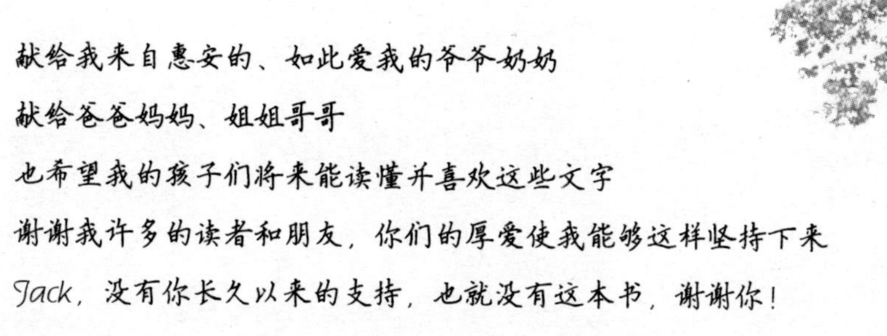

献给我来自惠安的、如此爱我的爷爷奶奶

献给爸爸妈妈、姐姐哥哥

也希望我的孩子们将来能读懂并喜欢这些文字

谢谢我许多的读者和朋友，你们的厚爱使我能够这样坚持下来

Jack，没有你长久以来的支持，也就没有这本书，谢谢你！

目 录

第三辑　感悟：我生命里的中流砥柱

第四辑　诚评：让我拥抱你的孤独

序一

生命是一出大戏！

虔谦，我是认得的，因为我们的文字经常地见面。虔谦，我又是不认得的，因为我们还从来没见过面。但在我心里，似乎前世就已经认识她了，我们的血脉几乎相同，人生的轨迹也是如此相像，文学则是我们共同的无法改变的恋人。我甚至怀疑我们晚上做的梦也会是相同！所以，阅读虔谦，感觉就是在读我自己。所不同的是，她的生命能量比我要巨大，她完成了更多我不能完成的事。

这些年，我的目光一直在扫描着海外的文坛。马蹄花香，如同在看一个突然神奇的茂盛草原。每次风吹草低，都能发现野火吹生的绚丽花朵。拨开那草丛一步步走进去，看清了正是期盼中的奇葩。时空变幻，遥望云天，这个草原上托浮着一个个倔傲的灵魂，在生命的原乡里放声地吟唱。在海外流浪的途中，汉字是多少人心里的船，暗夜之中，只要坐在这“船”上，似乎就能回家，就有了身的安慰和心的喜悦。虔谦和我，都是上了这“船”不肯下来的人。

遥想当年，春天里的中国，江河一夜乍暖。北京大学中文系出身的虔谦，也如骚动的鸿雁，毅然凌越了国门，朝着未知的海岸线飞去。岁月斑驳，风雨漂泊，家国的失去伴随的却是生命移植的丰沛，异域的嗟叹却化作了一篇篇不老的文字。她的了不起是出国后历经甘苦，求生、养子，完成蜕变，竟然成为电脑程序员。她的更了不起，是在那些艰辛的日子里还能一往情深地与文学相伴！

读虔谦早期的散文，我的心痛且快乐。因为所有的经历是那样熟悉，那样铭心刻骨，包括她自己在陌生的城市开书店带着幼小的孩子，这些场景也曾经是我自己生命里的故事。隔着千山万水，我似乎都能听懂她的呼吸。也难怪，去年我们曾一起获得 2011 年全国散文作家论坛征文大赛的一等奖，今年又一起获得了美国的汉新文学小说奖。

虔谦其实是她的笔名，恐怕是取虔诚和谦虚的意思。她真正的名字是曾明路，也就是她的路非常明确。果不其然，无论在怎样的境地里，她都能坚持写诗，写散文，写小说。她的文字，几乎就是她的生命，她的一出人生大戏！在我看来，她用文字，完成了一个移植生命中所有的过程，完成了她的美国梦，也是她的生命之梦。她所经历的痛苦和欢乐，其实就是我们这一代人所共同经历的，她笔下的故事其实是我们这一代人共同的故事。

喜读她的《天涯之桑》，很有些收获的佳境。里面的故事比她早期的《百尝美国梦》悠然了许多，抒情的文字也从容而不迫，在思考上开始拥抱那种精神上的“孤独”。一个从古汉语走来的中国女子转身进入到美国的 IBM，感动我的不仅仅是文字的力量，而是来自生命的力度。尤其喜欢她的那些可爱篇章，如《陋室独舞》。还有，她的心里有神在相伴，灵的光芒温暖而透亮。我特别喜欢书中有这样的话：“文学是人文之学，和人灵肉相连。从信仰的角度上看，从根本上挚爱文学的，是造物主神自己。任何人为的文学奖，都无法从根本上，从生命的关注和拯救上抚摸和爱写作之人。一个有着坚定信仰的作家，他／她的心底必定有着这样一份圣洁的和幸福的文学感，这份感觉和感情无法撼动，它独立于任何人为体制之外。”

世上的人多以为散文是好写的，其实，写出好的散文太难。古往今来，诗人可以狂想，小说家可以狂编，但唯独散文不能，它直接来自心灵，排斥虚伪如同眼睛不能容忍沙子。比起诗人、小说家和戏剧家来，散文家是必须睁着眼对世界的，你的眼睛多深邃，你的文章就能看多远。好的散文，正如同书法里的正楷，最不能藏拙。水落石出的境界与清风明月的坦荡，非明净之人不能至。

虔谦是一棵跨海移植的树，是一朵重新盛开的花。在异域的土地上，“树”必须伸长了自己的根须，从土地的深处汲取营养，又要保存着自己血脉身躯。当然，虔谦的作品略显热闹芜杂了一些，也是因为她的个性是如此地热爱红尘万物。我期待着有一天能读到她情到深处的大孤独，她将因此而离人群远些，但却因此走近了人类的本质。

陈瑞琳（海外著名华文文学评论家）
2013 年 4 月于休斯顿

序二

追寻

梦想于人，如鸟之羽翼，追寻的历程，悠远而又漫长。

从中国到美国，跨过浩瀚的太平洋，脚踏实地于陌生的彼岸，她试图追寻一个纯净的梦。

北京大学古汉语硕士，这昔日的学位像天上的浮云，与异国的土地没有交结。明路的美国经历，比起其他移民，更为艰辛。她几乎尝试了所有的谋生方式：餐馆端盘、旅馆清扫、冰果店侍应生、书店店员、中文学校半职秘书、保姆、管家、老板……最后，她转行学电脑，现在是一家公司的主力工程师。

他乡奋斗十几载，明路与先生相濡以沫，一步一个脚印扎下根基，他们携手并肩，在美国生养了两个儿子。在创建新家园的过程中，明路笔耕不辍，把业余时间都搭上，敲打下几十万母语方块字。以文字为寄托，坚持中文写作，诗歌、散文和小说是她交流和倾诉的方式，海外寻梦，文学是方舟，承载着她，赋予她身的安宁和心的慰藉。

移植的苦痛，漂泊的彷徨，乡情的缠绵，创业的艰难，成功的喜悦……诸多体验，敷演成阙阙心曲。明路的散文，如天涯之桑，柔韧青亮，情到深处，温馨自然。

对时代的感受，对社会世相的思考，对人生意义的咀嚼，对自己角色的定位，对生命价值的寻求……明路比许多人更幸运,她在寻求中找到了信仰。这新的信仰，促使她脱胎换骨，心更加清澈，人越来越虔诚，她一而再再而三地历练宽容，谦卑地体验着大爱无疆。

读她的文字，那婉婉道来的，是明路心中深深的感恩。这感恩有着强大的感染力：爱是恒久忍耐，又有恩慈，爱是不嫉妒，不自夸，不张狂，不做害羞的事，不求自己的益处，不轻易发怒，不计较人家的恶，不喜欢不义，只喜欢真理，凡事包容，凡事相信，凡事盼望，爱是永不止息。

为　力（加拿大知名华文作家，诗人）

序三

如歌的行板

——走近虔谦

终于看完了虔谦即将出版的散文集《天涯之桑》初稿，很久没有这么认真地看文学作品了！“很久”的概念要从十几年前出国时算起。那时网络还不发达，最后看的书是获得过普利策奖的《百年孤独》。从走出国门的那一刻起，我所有的文学书籍，包括外国文学，中国古典文学，连同自己的根都一起留在了祖国，留在了那记录着我奋斗历程的老房子里。有些悲怆地挥挥手，没带走一点文学细胞。到了海外，谋生，奋斗，居然有十几年的光景没有触摸过中文的脉搏，仿佛置身于文学的沙漠。直到 2008 年，第一次接触博客，便在华文世界里如饥似渴地读，在网络世界里一发而不可收地码字……

然而只有在今天，我关闭了 QQ，把嘈杂的网络撕开了一个口子，让自己的灵魂钻出去，在夜色里随着高铁飞奔，伴着月光和星光，来追赶一个让我浑身战栗，让我急迫地要与之同行的精灵。她，便是我从万维网，一直悄悄跟随又不知不觉带领到贝壳村，再请到我倾心建造的灵魂栖息之地天使岛的，一个在文学和 IT 两个专业频频获奖，蜚声海外的华文女作家，IT 工程师曾明路（笔名“虔谦”）！

也许是神的力量，让我在拥挤不堪的网络世界里，看见一道闪烁的光，虽然不强大，却发出那么恒久，稳定的光芒，吸引着我的脚步去探索。于是，我不由自主地来到了虔谦的空间，看到了她娟秀深刻的文字，如逶迤蜿蜒的溪流，清澈地，默默地，时而湍急，时而舒缓地奔涌不息。宛如一幅流动的，却又张力十足的画轴，徐徐在我的面前展开：一个对丈夫无比信赖而又那么坚韧的、自强不息的妻子；一个对孩子的点滴倾注了深沉爱怜又充满谦逊自豪感的母亲；一个对大自然的一草一木，一花一果敏感多情的温柔的灵魂；一个饱经磨难，屡败屡战，历尽沧桑，却能成功转型把文学家和计算机专家这两种完全不同轨道的事业完美结合的伟大女性！

当虔谦告诉我，她将出版散文集《天涯之桑》，请我为她作后序的时候，本着自己为好友，为我“天使岛”民搭建平台的信念，我居然胆大包天地接受了这份邀约，却不知我这是把一幅千钧重担压在自己单薄的肩上。由于近来常常回国考察，在各城市之间奔波。如果说旅途劳顿造成心情的浮躁和时间的破碎，让我在接受任务后颇感忐忑不安，那么在我打开虔谦给我发来的书稿后，看着她发表的那么多作品，取得的一个个奖项，我基本上崩溃了！我接受的何止是艰巨的任务，简直是“不可能的任务”（Mission Impossible）！

我只是一个徘徊在文学殿堂之外的人，怎么敢为一个在诗歌，散文和小说等领域早已颇有建树，著作颇丰，蜚声文坛的作家作后序？于是，从今天下午5点钟起一直怀着虔诚的心，一字不漏地赏读着这部158页的散文集。直到12点半，整整7个小时，心无旁骛，如饥似渴，一气呵成，终于看完！

掩卷沉思，心潮起伏。一静心阅读，我就被她那如溪流般清澈的文字深深地吸引，心便随了文中主人公的命运开始沉浮。时而喜极而泣，时而悲恸万分，时而欣喜如狂，时而扪心沉思。这就是文字的力量，这就是虔谦的魅力。在疲惫不堪的人生之旅中，在无奈而又顽强的挣扎中，在苦痛的上下求索中，她仍然对世间万物充满了强烈的爱，这份爱，便是她写作的源泉和动力。

她把这份爱倾注于笔端，于是，就有了令人魂牵的《不能讲的故事》，那贯穿南北，跨度三代人，历尽风雨的芦花的坎坷人生，令人窒息地在希望与绝望里煎熬的故事和结局。也有了她满腔深情回顾娇儿成长瞬间的点点滴滴，犹如一幕幕温馨的电影画面，给读者带来的何止是那细腻的舔舐之情，还有儿子长大离家时，她内心的失落和对上下几代人生命延续的反省。

最令人感动的是她的《百尝美国梦》。作者用自己的亲身经历，自然客观地展示了在海外生存的艰难状态和向命运抗争的百折不挠精神，她的故事，是千千万万自强不息的海外华人的缩影，看到她在不断寻找工作的过程中经受的磨炼和洗礼，更看到了她柔软的外表下坚忍的意志。她在经受人生磨难的时候，寻找灵魂归宿，最终决志受洗，成为一个成熟基督徒……这一切，是那么令人震撼，令人感动！

无论是小说，还是散文，乃至诗歌，作家的笔下呼吸着自己的灵魂，虚构的故事与真实的自我互相交织，芦花的人生里，有作家的影子。无花果里，有她那脆弱柔软的心。女性的坎坷，女性的不屈，母性的光辉，人文的信念，如一根红线，灿烂地穿行在她的每一篇作品中；如涓涓小溪，流淌在每一个令人动容的故事里。仿佛如歌的行板，舞动在她每一段人生的轨迹里！

虔谦，虔诚谦虚，这是一个多么谦卑的名字。正是这名字，在万千的人海中，让我记住了你。正是你温柔绵长的情感，细腻朴实的文字，丰富感人的情节，深深地吸引着我随着你的笔端，去感悟你的忧伤，去经历你的故事，去体会你的精神，去与你同喜同悲同流泪。

就这样，我呼吸着你的隽永和深情，痛苦着你的艰辛和不屈，喜悦着你的成就和满足。我一步步，捧着同样敏感的心，诚惶诚恐。因了这份惶恐，我在午夜时分，赏读完大作后，打开了淋浴的喷头，走进了温暖的水下，任飞舞的水珠，浇灌卑微的灵魂，洗涤满身的尘俗，清理纷繁的思绪，淅淅沥沥，长久地，长久地，如古人般，沐浴熏香，以洁净的灵魂和思想，写下了以上的文字，这文学“窄门”外的一份虔诚，奉献给你！

虔谦，祝你的《天涯之桑》早日面世，让更多的读者，可以如我一样，能够饮吮那份桑的甘甜和隽永！祝愿你的文学之旅越走越远，期待在更加辉煌的文学奖台上一睹你的芳容！

罗　玲（美国汉纳国际文化传播集团总裁）

2013 年 4 月

序四

桑之光泽

——读虔谦《天涯之桑》

当年，我每次乘车从福州去厦门的时候，在经过惠安时，总会见到一些戴着花头巾，穿着短上衣，扎着银腰带，下身是大筒裤的女子，显得既有些神奇，又是那么潇洒。有的时候，也会见到一些女子，在田间像男子一样辛勤地劳作着。她们给我留下了神秘而美丽的印象。

后来我才知道，其实她们也是汉人，或者说是汉人中的客家人。她们和她们男人的祖先，是在西晋“五胡乱华”时，随着北方大量的士族，“衣冠南渡”的。那次从中原来到江南的大移民，是汉人人口和文化的一次大迁移。后来，又有了“八姓入闽”，这些汉人家族是开发福建的先锋。

闽南人便是这些移民的后裔。因此，闽南人的身上，流动着比较纯粹的汉人的血液，绵延不绝。而惠安女就像她们那里盛产的石头一样，平实，坚强而却又富于光华。

作为北大中文系毕业的才气横溢的美女作家虔谦的性格中，无疑具有惠安女性的这些特性。不过，在阅读过她的作品之后，我发现，她的身上，更多的似乎是有着一种与生俱来的、锋芒闪现的、光泽熠熠的诗人气质。这是一种不可替代的人格内在力度。就像她自己所表述的那样：“我的那些童年特性，粗糙的和真纯的，可以说从来就没有改变；以前没变，现在更不会变。它们的精灵也无可遮拦地渗入我的文字之中。”

我一直以为，有的人是根本不适合写诗的，你再怎么苦吟，也无法穿透生活背后的那种难以言表的缪斯的悲欣意境。任何文学作品其实都是真实生活的背面。倘若你站在生活的正面写作，那是平庸的，就像照相一样。而作为诗人的虔谦，却以一副貌似冷静，实际上内心却激情涌动的态势，站在生活的背面写作。我可以想见，她在落笔之时，一边观察着生活正面的那些万象世态，辛酸苦辣，心情一定是难以平静的。从这一点来看，表面上热情洋溢，关注生活，热爱生活的虔谦，内心里其实是孤独的。

虔谦的作品具有浓郁的生活气息。这一点，作为与她同样生活在南加州的我，有着极为强烈的感受。而她能够将正面生活描写得如此生动，显见其精湛的文学功力。

她的文笔有着敏锐的感受力和如岩石一样的沧桑感，笔下总是隐含着一股悲天悯人，终极关怀的心理暗流。她说，“我用诗，写下了我这诗歌丧失的人生桑田沧海”，这句话，我觉得同样适用于她的散文和小说。

而尤其难得的是，她的作品兼有着女性的妩媚，细腻，以及须眉的豪放，粗犷之风，文章时常如行云流水，散澹有致，然而有时却又大起大落，嬉笑怒骂，纵横捭阖。

如果从叙述的角度来欣赏，虔谦的那些不多的怀旧文章，无论是散文还是小说，竟形成了一道完整的家乡史与家族史，其中不乏喜悦，也有着挥之不去的澹澹的感伤，让人为之唏嘘，但更多的是让人动容。这是一种痛彻心怀的历史感和沧桑感，是将近一个世纪的真实的画面，以文字来翻云覆雨。这一点，无疑让我十分欣赏！

最后，我想用虔谦的一句诗来作为结束：

“因为骊歌总是悲伤的。”

秦无衣（海外知名华文作家，编辑）

2013 年 4 月于 Santa Monica

第一辑

美国关山从头越

做一个百折不挠的人
——百尝美国梦

“洛杉矶欢迎你！”

当我第一次双脚踏上美国的土地时，感觉空气是清新的、温柔的。我的心里充满新奇和向往。

不过，首先要过移民局这一关。我不知表格里我填错了哪一栏了，结果导致我被移民局扣留了两个多小时——他们怕我在美国成了无家可归的流浪汉、麻烦制造者。当时心里有些委屈，也有些慌和怕，怕还没见到先生，就被遣送回国。

还好，看来那些移民官还是尽力在了解情况，帮我解决问题。两个小时后，我走出了移民局，迎面看到的是很大的横幅：欢迎来到洛杉矶。我感到了宽慰。我隐约地感觉到，我在异国他乡的奋斗算是就这么开始了。日子不会轻松，但是只要有温情，只要有暖气，我可以挺得住。

我先生在机场等候多时，尽管有些焦急，见我时他还是满脸笑容。

“怎么会办了那么久？”他问。

“好像是有个地址填错了。”我说，“我真怕极了，怕我会被送回去。”

“有什么好怕的，”他说，“这不是好了。”

先生领我去见了他的同学朋友们。他们都不约而同地告诉我：小叶想你都想疯了；听说你要到了，他高兴得都坐立不安！

我知道，我们分开一年半多了，尽管邮资对我们来说有些贵，我们还是常常都有通信来回，互相鼓气。

我来之前，先生和一些留学生合租一个大房间。那是学校附近的一个区，秩序非常恶劣。有天半夜，还有歹徒想撬门进来抢东西。

为了迎接我，先生刚刚从那里搬了出来，在一个比较安静的地方和另一个小家庭分租一个房间。

我得说，我有些失望。不是说来美国都住洋楼别墅一样的房子吗？这地方，不要说只是个普通公寓，离别墅还差得远，还跟人合住！我最不喜欢的就是跟人合住。进房一看，连张床都没有，只有两个垫子往地上那么重叠放着。也没有像样的家具，甚至没有张像样的椅子。比起我们在北京的那间70平方米的房子，这里也没有好到哪里去。

后来我才知道，有许多人反差比我还大。他们原来在国内的居住条件非常好，简直像住别墅似的。到了美国，反而要和人“雅房分租”；更不用说要干许多苦力活了。

到了打开行李的时候了。我先是把随身带来的五十美元交给先生——这是我的全部财富了。先生接了过去，很是高兴。那个时候，五十美元，能帮我们度过好几天。

接着，我打开了那两个大箱子。我真是尽量地塞，什么都带：被子、碗、杯子，甚至还有一把刀！

说起刀，就想起了也是那一次我带来的一把小剪刀。那是爷爷给我的，说剪指甲特别好用。是的，来美至今，除了这把小剪刀，我没用过任何指甲刀。它好用到我可以闭着眼睛操作。这会儿，这剪刀就在我的膝边。它是我的传家宝。

听说中国式厨用菜刀美国买不到，所以我才带了来。其实没过多久，我就在华人超市看到有卖的。

先生见到我带来的东西满心欢喜。

“我做什么呢？”我问。我知道，我来了就要打工，要支持先生读书的。

“明天我带你去办工卡。”那时所谓工卡，就是指社会安全卡。

很快，也见了我们的同屋。他们是越南华侨，听说是逃难来的。厅的正中间摆着佛像和香炉，特利莎，就是女主人，就在那里烧起香来。我因为小时候见烧香见多了，倒也不觉得怎么奇怪。后来我看到，这里好多华人餐馆门口都会放着香炉烧着香。漂海闯荡的人们，祈求平安，也希望发达。

先生告诉我，特利莎整天做着六合彩梦。

“什么六合彩？”我问。

先生蛮费一番工夫才让我明白什么叫六合彩。

有时候，假如陈先生，就是男主人，在六合彩涨到很高时忘了买票了，特利莎会跟他急。

那会儿，我只感到，我没有那个命，还是赶紧打工要紧。

可是侥幸心理谁都会有一点，在美国，可以走向两个极端：一个是特别的踏实；另一个就是特别的幻想，尤其是在现实很不顺的时候，脚步会忍不住往有六合彩卖的地方去……

后来，我也买过六合彩，买过许多次；还到赌城拉过两百元的老虎机。今天，在尝遍了餐馆侍应生、旅馆清洁工、快餐店跑腿、保姆、管家、店员、教师、小老板、工程师等等的职业后，我依然在打工。

一杯可乐，32个房间

大约两个星期后，我便开始了打工。那个年代来的许多大陆留学生 / 留学生家属，大致都是这样的。

在美国打工，相信很多人都深有体会：要如何挺胸昂头很有自信的样子；要遇到任何问题都说：没问题。我的表现可不算很佳。记得第一份工是华人餐馆的推点心员。当时我所在是个华人聚集的大城市，中午几乎所有华人餐馆都供应粤式饮茶点心。我就推着点心车挨桌问客人要点什么。

“ONE KOK!”

这是我从客人那儿听到的第一句话。我想半天不明白“ONE COK”是个什么意思，只好跑去找老板。“那位客人说他要 ONE KOK。”我告诉老板。

“哎呀！给他一筒可乐就是了。这都不知道，算了，我来！”

我呆站在一边，仿佛犯了什么罪过。

餐馆里大部分顾客操广东话，我几乎全听不懂。两位好心的同伴——一个叫陈太，另一个我忘了她姓名了——得闲时会过来帮我一下。我知道，这对她们已经很不容易。从她们的眼神里，我看出自己前途堪忧。终于在两周后，老板把我叫了去：

“你看，不是我们不用你，你真的是不行。那，这是你两个周的薪水，明天你就不用再来了。”

我回到家，他爸（那时还没孩子）一看就明白了八分。

“没关系了，意料之中的。”

“这是我这两周的工钱。”我把钱递了过去，算是我的一丝自我安慰了。

他爸接过去一数："就这么多？"

"是啊。"我低声答道。

"他有没有搞错啊！走，我带你去跟他评理。"

"算了，别去了吧。"我真的有些害怕，初来乍到，感觉没根没基没依没靠的。

"怕什么，美国是讲法律的地方。"

我们去了那家餐馆。我怯生生站一边，听着他爸和那老板论理。

"你太太，不是我们欺负她。她动作真是慢得出奇。"

"不管怎么样，她是不是做足了八十个钟？加州最低工资是多少？"他爸眼睛直盯着那老板。

最后，我们回家了，手里捏着老板补的钱，大概有一百来元。

这之后没两天，我又找了份新工，是旅馆的清扫员。

"那个我能行吗？"有了第一份工的经历，我心里怕怕的。

"那有什么不行，人家某某，干了好长时间呢。"那时他爸总喜欢拿身边的打工好手来给我鼓劲。

第二天一去，大概是有三十几个房间要清扫。吸尘，擦台子，刷洗手间……最难的对我要属整理床，折腾好久才能把被子毯子整理得符合要求。我知道有经验丰富体力足的，没多久 40 个房间就搞完了。我一直做到太阳下山才打电话让他爸来接我。

回到家里，累得一句话也说不出。第二天就发高烧。挺着给旅馆经理打电话告假，他说："那你后天也别来了。"

我放下电话，眼泪就掉了下来。

"又怎么啦？"他爸问。

"我，我回中国去！"我说。

"没想到你这么没胆。"

"我是没胆，我，我是上古汉语研究生，这些活我干不了。我回去，回我的学院去！"

"来到这里，忘了你的上古汉语。"

这一天，和他爸真吵了嘴；这一天，本来说好了要庆祝我的生日。

没用的话说归说，中国岂能那么着回去？病好了之后，又买了张报纸开始再找工。有家台湾人开的录影带出租店，他爸说，对我挺合适。于是我就去应征。

到了店里，老板娘向我上下打量了一会儿，问我："哪来的呀？来多久了？"一听我说是从大陆来的，她就说："唉，不是我对大陆同胞有偏见，你们哪，就是不能吃苦不能拼，还特别摆架子。我真的替咱自己同胞难过。这在美国怎么行呢！这样吧，你先回去，等我通知吧。"

听大陆来的哥们说，这句话一出，多半就没希望了。

回到家里，回味着录影带店老板娘的话，心里愤恨不平。

"她凭什么这么说啊？大陆来的又怎么啦？"

"也是你，"他爸说，"我在这里打工，从来都是我炒老板鱿鱼，没有他们炒我的份。"

他爸说的是实情，他是属于打工好手那一类。不过他有学业在手，不能分心，需要我来顶起家庭经济大半边天，却碰上我这个没用的……

有朋友来访，听了我的经历，就叫了起来："你真是好欺负，我当初就和老板大吵一架，然后就把他炒了！他太歧视，欺人太甚。"

这位朋友后来在大学图书馆里找到了份稳定斯文的工作做。我心里羡慕了她好久；叹息自己没有那样的命。

这之后，还斗着胆去了家台湾冰果小吃店，这次工龄是两天。

吃饭不要出声！

工作还得找，日子还得过。经过几番挫折，我逐渐把注意力集中在录影带店，书店一类。还真给我碰到了一个书店的应征广告。于是我打起精神再次上阵。

来到那家书店，非常小，在华人超市里面。后来我才知道，那里是所谓黄金地段里的黄金地点，店面是寸寸金，租金非常昂贵。老板娘在店里和我匆匆谈了两下，就带我到她家去。她家是在山上，很漂亮的小洋楼，她开着一辆蓝色宝马，对我真是有点刘姥姥进大观园的意思。

“都是祂给的。”她说，示意我一切都是上帝给的。她是基督徒，这都是我后来琢磨出来的，我那时，没有基督教神的概念。

她要我先在她家里做几天。

“不是书店的工吗？”我不解。

“不一定，也许就在我家里帮忙。”她说。

那也得认了。她吩咐我做什么我就做什么。像是把长长的恼人的水管盘好啦，整理厨房啦等等。每做件事，我都觉得她的眼睛盯着我，无所不在。我还发觉，她有意将看上去十分贵重的首饰放在显眼处……诸如此类。她不仅挑战我的耐性，也挑战我的自尊。

我咬着牙，几天顶了下来。终于她开口了：“做得不错，明天开始你到店里去吧。”

我真是好高兴啊！

我总算又和书接触了。尽管那些书和我平时学的读的看的大不一样，几乎没有亲切感。像什么倪匡说鬼啦，什么高扬作品系列啦，什么皇冠啦……我听都没听说过。歌带也是全然陌生的。

不过，书总归是书。我开始认真地分类整理，一丝不苟。由于八个小时几乎眼睛都是近距离工作，疼极了。也就是那一段时间里，我知道了许多港台有名的歌手和作家。整个风格和我所熟悉的国内的风格有非常大的距离，我一直都欣赏不了。不过我也总暗示自己，要靠这个吃饭，得调整自己。

由于处在超级市场里，店里生意红火极了。几位小姐忙得不可开交。稍闲的时候，她们会聚一起聊一聊。我很少加入。午餐她们几位都是轮流买给各位吃。一顿午餐要三块五四块。我数数我一个月的工钱扣了税只剩 700 元左右，哪舍得花那个钱吃午餐？于是就自己带两片面包当午餐。每次，我自己坐到一角吃面包。吃的时候，尽量不出声，很注意体面。不料有一天一位小姐还是开口了："Z 小姐你吃饭怎么那么大声啊？不文明你懂吗？"

不知怎么听了那话，我就忍不住哭了起来。觉得自己一路的屈辱真是受够了。

"啊呀呀，我是为你好啊，对不对？你还要在美国混呢！"她嚷了起来。

这事给老板知道了。她把我叫了去。她说了这段话：

"我承认你是非常好的一个人，非常诚实，非常刻苦，工作态度好，勤奋努力。但是，并不是这一切就足够让你成功的。你知道吗，你让我们觉得你和我们不一样。我知道你是大陆顶尖大学研究生出来的，我们这个小店其实不需要这么好的条件。我很抱歉我不能帮你，我不能雇你。"

我强忍住自己的泪水，回敬了她好几句，具体什么话我忘了，大概都是讲我是有尊严的人一类的话。

这个经历，连同前几次的大败，我几乎被摧毁。

《花，坚硬的峰峦》那首诗就是那个阶段里，模仿普希金《致凯恩》的思路写的。

那个金色头发的形象在我写过的作品里经常的出现，它是我一次真实的美丽的际遇，从此它在我心底就代表了真、善和美；代表了我人生悠远的追寻和希望，即使在最黑暗的低谷，我仍然能看到它的一线亮光，直到，我找到了全新的有力量的依靠和安慰：我的主，我的神。

我的DiDi

人生较遗憾的事之一，是你曾经对一个人有过帮助，你安慰过他 / 她，温暖，支持过他 / 她，而你却不知晓；更遗憾的是反过来，有一个人曾经深深地帮过你，而你却没有能够让他 / 她知道这点。

我照看过的小男孩 DiDi 和他的母亲 D 太太就是这样的人。DIDI 的乖巧懂事，他的稚嫩敏感的爱心，D 太太在我走投无路的时刻给予我及时的支持，在我表现并不精彩的时候信任我，给我时间和机会。没有他们，我的今天是难以想象的。

D 太太本是台北某小学的教师。从她以前的照片上看，她长得绝对淑女形象。到了美国后，要生活就得拼。于是她和他先生在只懂不到 20 个西班牙文句子的情况下，毅然选择在墨西哥区开杂货店。大概由于生活的风霜煎熬，在我到她家工作的时候，D 太太的模样和几年前的照片比，几乎认不出。尽管如此，仍可看出她的师表风范：心地正直，性格刚毅。她时而会拉着我说两句，和我说的最常见的一句话是："我好累！"

看她的样子，听她的倾诉，我也真恨不能多做些，能对她有实质的帮助。

为了 D 家这份工，我们搬到了墨裔区住。这个小城依山而建。从那些错落于山坡的色彩斑驳的小房子和点缀着整个街区的树林看来，这个地方其实非常美。不过大概由于长时间失修，外表显得老旧。

由于听说过墨区比较乱，心里怕怕。孩子他爸说："没什么，我当初和哥们住黑人区，三更半夜窗户突然伸进一只手来我都不怕。"他爸胆子是比较大。

搬过来不到一个月，车就被偷了。还好，过了几天，警察在某沙滩上找到了我们的车，居然还能开。那是我们在美国的第一部车，TOYOTA TERCEL。我们挺运气，这部二手车一点毛病都没有，性能特好。他爸说，TERCEL 在美国被称作是学生情人，她轻巧方便，性能可靠又省油。我只是觉得车小了点。

“这小车要是在高速公路上给人撞了，就危险了。”我说。

“开车靠的小心和技能；撞了车，什么车都完了。”他爸说。

每次看他开着小 TERCEL 去学校，看着小车有些吃力地爬上坡的样子，看到车的背影消失在坡的那一头，我就告诉自己多多赚钱，给他换辆大点的车。

在 D 家当保姆兼管家的中心经历，基本写在我稍前的《做女儿，做母亲，做保姆，三样情，一样心》一文里，我现在就把该文节选附在这里：

来美不久，为了生计，我去当了一家台湾人家的保姆，工作是：（1）照顾一个两岁的男孩；（2）顺便看顾一个六岁女孩，小男孩的姐姐；（3）做晚饭；（4）做并送午饭；（5）清洗全家；（6）其他闲杂事，比如，清理冰箱等等。

做了没几天，有一天，男主人突然递过来一张条：你做的饭，难以下咽。

看了条，心里慌，生怕没了这份工。感谢女主人给了我定心丸。她说：你别慌啦，这份工作，我给定你的啦；你好好努力。她借给了我几本食谱。我于是就照着食谱做，几勺酱油几分醋，什么时机什么火候……

大概一周之后，我已经抓住了他们的胃口。不久，台湾的爷爷奶奶舅舅来了，我满桌的菜把一个大家侍候得美美的。终于有一天女主人对我说：我真的以你为傲！

我照顾的那个小男孩，是个敏感多情的孩子。平时父母忙于店里的生意，根本没工夫管他什么。我能感到他的孤独。他养成了一个自我调节安慰的办法，就是吮大拇指。每次他意愿不能满足或受了什么委屈，哭着哭着就会躺到床上去，一边猛吸大拇指，一边捏着那条永远随身的小毯子。

我来了之后，给小男孩带来些许欢乐。虽然我要做的事情太多，但是总还是拨出点时间给他切水果吃，带他出去走路，走路时，给他讲讲故事；还有，训练他自己上洗手间，给他洗澡换衣服……慢慢的，他觉得和我亲，觉得我好像真是属于他一个人的。

他最难受的时刻，变成是我要离开的时候。每当晚饭过了，我就开始收拾饭桌，洗碗刷碟。他就默默地站在水槽边，然后忍不住问一声：“阿姨，你要走了吗？”

我心里难受，不忍心看孩子这样。我说：“没有啊，你看，阿姨还没刷炉台呢！你去玩吧啊！”

小男孩骑着他的小自行车在家里转了几圈，看我在刷炉台了，就又走过来，看看炉台，看看我："阿姨，你要走了吗？"他问。

"没有啊，你看，阿姨还没擦地板呢！"

他不声响地骑着他的小自行车绕了几圈，看到我在擦地板了，就又走过来："阿姨，你要走了吗？阿姨你为什么要走？"

我轻声对他说：" 阿姨得回家呀。"

"阿姨的家不就在这里吗？"

我看着他，摸摸他的头：" 阿姨自己有个家，不过呢，离这里很近很近。"

终于到了说再见的时候，小男孩的情绪完全失控，他大哭大闹，不让我走。我告诉他，好好睡一觉，做个好梦，一觉醒来，就会又看到我。有时，他听进去，有时他还是闹，直到他母亲出来干涉……

有一次我临走前，他闹得很凶，突然就不闹了，我反而觉得很不放心。跟进去一看，他躺在自己床上，一边吮着指头，一边捏着毯子，两行泪水顺着眼角往下淌。我真的有心碎的感觉。我说："阿姨再切块西瓜给你吃，好吗？"DIDI 非常喜欢西瓜。不过这次他看了我一眼，回过头，继续吮着他的指头。

这孩子真倔，自尊心还挺强。我想了想，就说："吃完后，带你到阿姨家玩一玩，好吗？"

这招倒是奏了效，他腾地爬了起来。

我这心头一下子就松和了下来。

他每次吃西瓜都是吃得胸前水汪汪，心满意足的情形，我至今历历在目。吃完了，我又给他换了件衣服，拉着他，到了我的简陋但是可爱的家——一个楼上的公寓。那一天，我记得，DiDi 笑得好高兴，好开心，好甜……

就这样，过了好几个月，好几个月后，有人给我介绍了一个中文学校秘书的工作。当时的我，自然是觉得中文学校的秘书比较有前途些。要是现在，我想，我会继续留下来，照顾我的 DIDI，陪着他，等他长大些，再长大些……

就这样，我离开了 D 太太家，去到了中文学校。下面是我写给小男孩的诗，不过，没有机会给他看（他太小；等他长大些了，我们各自都搬了家，失去了联系。）

给 DiDi

当我离开之时

没有人像你这样
高声疾呼，唤我留住
没有人像你这样
为我双臂开张，泪水盈流

我吻去你的泪滴
像尝到了你梦的甜蜜
有什么东西
能留住这份甜蜜
即便在月亮里
我也愿意去取

我轻抚你的胸膛
像是触到你深深的伤悲
那样巨大，又那样纤细
什么办法
能把它
从你心底连根拔起？

我走了，留给你真实的爱
可你已经学会了忘记真实
什么东西
能还你珍贵的记忆
让我去拿，即便
它在大洋之底……

我身边一直珍藏着 DiDi 的照片，愿神看护着他，愿神保佑他一生平安快乐幸福。感谢神！

离开 D 家，是我在美路途的里程碑。我离开了相对单纯的家庭工作环境，再度走向社会，一个对我永远都难的世界。这个世界彻底破灭了我文人心态里的陶渊明情结:不为五斗米折腰。我第一次承认,我必须为五斗米折腰。当然,这个“折腰”其实内容是很丰富的,其中包括了谦卑自己,其中包含了对爱心和童真的考验……并不一定是贬义。

序幕才刚刚拉开。

我在DiDi家

丑陋的我

多年前，一位许久没联系的朋友打电话来，说没两句，就惊讶地问："你的嗓门怎么变得这么粗啊？记得你以前说话可是细声细语的。"

"干活干的吧。哈哈哈！"我粗声粗气地回答，还狂笑起来。

谁说不是呢。她打电话来的时候，我已经在另一家书店打了两年的工。先是坐公车去，后来实在不方便，还有点不安全，于是就学开车。

心里怕怕的，坐在驾驶座上，想着要带动比我重不知多少倍的车，有点不可想象。这辈子没想过要开车，可是心底隐约有个感觉，就是，越是我怕的不敢或者是不想做的，老天就偏偏要迫使我做。

我这一辈子里已经有好多次有这种感觉了。

为了让我心理上习惯和适应开车生活，他爸常带我出门逛去，有时很晚才回来。不管多晚，高速公路上总是万马奔腾。

"你看，"他爸说，"你在路上永远不会寂寞，多壮观这景象，我最喜欢了。"

看着车窗外，是壮观，不过，妈呀，可别让我开车，这么多车，我怕是难保不会碰碰撞撞的呢。

不管喜不喜欢，没得选择，车就这么学了。他爸就是我的驾驶老师。

"啧，怎么线都走不直啊？先要保证线走直了。"他爸跟我喊了好几次。

都说夫妻之间不能互相教车，一定吵架。想来有道理。不过那时候我在学本领，没有资本和他爸吵，就算有什么委屈，也只能是老老实实的，他怎么说我就怎么做。

学了没多久，还算顺利就过了笔试和路考（这要在现在恐怕还没那么容易，我到现在都不会倒泊车……)。拿到了驾照，跌跌撞撞就正式上路了，目标就是市中心的那家书店。

这家书店经营许多大陆书籍，一起打工的也几乎全是大陆来的。大家干活还挺积极，我也干得很卖力。虽说我个头小，搬起一箱箱重重的书来，真的不亚于个大男人。电脑输入，一天能进大概几十上百，总之是后来打得飞快。给顾客推销书，也算是厉害的，客人问起某一本书，我总能准确地在架上或是仓库里给他们找到。经理需要找什么书，要知道库存量，常常要问我。

书店面积不算大，书可不少，生意也相当棒。同事们会禁不住说：这生意要是自己的，该多好！书店经营许多专业书，如医科教材，周围几家中医学院都成批地和我们订购。另外，店里还经营英文的有关中国文化的书籍，也包括医药教材等。我才知道中国文化的方方面面都被译成了英文，读者还大有人在，别说心里真的很高兴也很自豪。

书店可以给办身份，H1什么的，我想争取，不过店里另一位员工小N也在争取,名额只能有一个。慢慢的,她和我之间就开始有些不对劲起来,她总爱给我找碴。有一天，一位客人内急，问我能不能借用洗手间。我说好。客人一进去，小N就嚷了起来："有的人哪，厕所不打扫，人情倒做得勤。"我一听就火冒三丈，因为我一早来才刚清扫过洗手间。长大之后不记得和谁大动过肝火，那一次大概是唯一的一次。真的吵得很凶。那些男的包括经理,都躲到了楼下。我毕竟不习惯和人吵架,越不会，嗓门就提得越高。好像声高胆就能壮一点似的。吵架失了章法，全身只有发抖的份。

回家后他爸着实把我痛批了一顿，问我格调哪去了，简直是体统尽失。

我后来自己检讨，小N是有些没道理，但是吵成这样我自己却很丑陋。主要的深层原因大概是身份问题在作怪。突然就想起以前在学院时同事和我说：她觉得世间人们争名夺利，在她看来，就像是在抢一根没肉的骨头. 于是我就写下了《高贵的狗》这首短诗：

高远的星星上
跑下来一群狗
张着牙，口吐泡沫
抢着一根
没有肉的骨头

骨头滚来滚去
群狗追逐着
尘埃中
抽搐着眼睛的狡黠
笑脸的丑陋

星光高照
我看到了我——
鼻孔流血，眼睛冒火
为了那根没有到手的
没有肉的骨头

可谁又能轻易地说美国的一张绿卡是根没有肉的骨头呢？那时她对我，对许多跨海而来的人们来说，就像是座遥远的灯塔，是机遇，是期待，是梦，是咬牙苦干的目标。

和小N吵过那一架后，我们又和好了。有一次书店被抢，经理就定了规矩，前台一定得有两人。常常就是我们二人盯着。我想，真的有什么危险，我们一定会互相保护互相帮助的。毕竟人性，有丑，更有美；否则，一切的一切，有肉没肉，都没有了理由和必要。

最幸福的时刻

这个系列一开始就称我先生“孩子他爸”，这是叫习惯了。其实我是在那家书店打工打到第四个年头才怀的孕。

那天我问大儿子：“你知道妈妈一辈子最快乐的时刻是什么时刻吗？”他有些迷茫地回答：“Not so sure，maybe it is the moment when you married dad？”（是不是你和爸爸结婚的时候？）我说：“妈妈一生最幸福的时刻，就是听到你落地呱呱啼哭的时候，你的哭声那么稚嫩，又那么洪亮，我永远都不会忘记……”

儿子听了，好像有点不好意思，却满脸透着幸福。

其实当母亲，应该是从确知怀孕的那天算起的；因为那天开始，心境就整个变了。想到自己生命里还有另一个生命，一个小生命，依靠着自己，依偎着自己，既幸福，又感到责任重大，人好像长大了好几岁。平时饮食起居，处处想到的，更多的是孩子。我以前有一个怪习，就是嗜茶：不是一般的喝茶，而是抓起茶叶就吃，一个星期能吃去好几两茶叶，就像抽烟有烟瘾一样。怀了小孩之后，感觉吃茶叶可能对孩子不好，一下就全戒了。

孩子在自己体内拳打脚踢的感觉，如今依然能清楚再现。当时还没信主，没有什么特别的信仰。头次生小孩，心里不免有些不安。提前好一阵就把耶稣的形象、佛祖的形象等都准备好在心里，想在最关键的时刻用上。

孩子出生的那天，天下着蒙蒙细雨。阵痛是很磨人的。一次比一次强烈，间隔一次比一次近。到了最后半个钟头，医生还没露脸，真是又痛又慌以至言语失常：“我快不行了，等下她来了，看她拿什么脸来见我！”

最后几分钟，医生终于来了，我于是被抬上产台。那时痛得想什么都不管用，因为思维的速度完全赶不上痛的速度和深度；只有不停地乱呼吸，两个 PUSH 前功尽弃，医生就说："你再不好好用力，你孩子可缺氧了！"

就是那一句话，让我，不管多痛，憋住了平生最长的一口气——接着便听到了孩子呱呱的哭声——那就是我作为女人一生最幸福的时刻：经过了九个月的折腾，九个月身体携带着孩子生存的体验，那一刻，在放松的同时，一种带着责任感的幸福和带着幸福的责任感，暖暖的，温柔的，甜蜜的，溢满了周身。

我相信，那时刻，大概也是他爸一辈子最兴奋最幸福的时刻。我记得他兴奋地大叫起来："出来了！出来了！哇，好大的个儿！"

第二天，他爸开着车把我们母子接回了家。天还下着小雨。感觉真不一样啊，离家时是两人，回家时变成了仨。他爸管我们的新住房叫"草原小屋"，非常小的房子，却很方便，很温馨，后面还有一个很大的庭院。这个小房子是我怀孕后他爸特地租的。我离开了书店，我们搬离了墨裔区后，就住到了这里。

他爸后来告诉我，那天从医院把我们接回家后，他心里只有一个念头："It's all my responsibility now."（一切都在我身上了。）

朋友们来看望，常说的贺词就是：好呀，生了个美国公民！

是啊，面对孩子，我也很欣慰很自豪，因为我想，我给了他比在中国国内更多的选择空间。

孩子慢慢长大了，上了幼儿园，上了小学。每次听他朗诵 Pledge of Allegiance，听他念着：One Nation，Under God……只有到了这个时候，美利坚，才真的成了我的第二祖国。

我从来没有停止过感谢神，给了我这么好的孩子——我的大儿子和小儿子，他们真的是神赐的珍贵无比的礼物。每次看着他们，摸摸他们，亲亲他们，从心底感谢神。愿神保佑他们，一生身心健康平安。

不怕死的，当老板喽!

当老板，自己当家，自己做主，自己有权，自己发号施令——多自由痛快！经过多年打工的“腥风血雨”，自己当老板的意识油然而生。

生孩子前不久，那家书店发生了重大变故，我也离开了。这前后，我便着手创建自己的书店。当时是这样想的:我在国内学的专业非常窄，在美国，不要说事业，连饭碗都有极大的危机。虽说美国许多大学有东亚语言文学系，但是经过几年的打工滚磨，我对学院式的研究已经失去兴趣和耐心。我更向往自主自力自立自由的事业和生活。而这一切，对当时的我来说，就可以落实在开一家自己的书店。一来我有经验，二来的确是我的兴趣，三来资金需要不多，供货条件有利。

他爸始终都不很积极，在众多原因中，我们资金单薄、风险性大等都是他的考量因素。但是我一再和他讲风险并不高，书店规模小，在我们的承受范围内，另外我也别无选择。我还野心勃勃和他讲到我的计划：小书店要搞得好，还可以在此基础上搞个中国文化中心呢！

于是便开始找地点。地点真是至关重要，可是又真是非常难找。所谓的黄金地段，我们完全出不起那个价。于是我的主导思想就变成，走专业化（就是主要不是娱乐性）的路子，靠广告来拓展顾客。

我找到一个地方，比较满意，它有几个有利因素：月租不算太高，1200 元；前身是个录影带出租店，原来的架子都在，可以省一大笔装修费；店面在一个小广场里，顾客停车没有问题；离家不远。就这样，和地主签了两年的租约。

开张的前几天，真的忙坏了。脑力、劳力一齐上。先说劳力，书到了，要卸、搬，要上架，要整理。不过，是自己的东西，我高兴，干得欢。脑力的嘛，就是紧着拟广告稿。广告一上，顾客还没来，一大批做生意的倒先到了：广告的，保险的，推销的……还有，得和政府管理部门打不少交道，比如营业许可、报税许可、店面检查等。以前打工，全不知情，如今，这些全部要自己面对。

最让我扫兴的是，来了位不速之客：当地一个书店业大佬。他来了，转了转，说：哎，你真的找死啊，这个地方，我都不敢来，是个死角落，没人来的，你记住我这话。

书店，书店这一行也是江湖啊。

他的话其实非常有道理，刚开张的时候，由于店面地处并不十分热闹的地方，几乎所有顾客都要靠广告。来的客人非常有限。几天过去，银柜里就那么两百多块。

这天，来了位非华裔的彪形大汉，他一进门口，我就觉得来者不善。果然，他一步步来到了柜台前，先是假模假样问一个文具的价钱，我回了个数——只见他从兜里掏出一支枪。压低声对我说：Now，give me all your money!(把钱全给我！)

枪看上去很小，可是枪口黑糊糊的，非常阴森。

我心里清楚地知道，开张几天来卖书的钱还都在银柜里；我也想到，今天可能就这样死了，因为歹徒抢了东西，有可能杀人灭口；我更清楚地知道，我几个月大的孩子和孩子他爸就在后面的小隔间里，那边还站着个顾客，正专心地看着书。无论如何，我必须缓和歹徒的情绪，让他能够拿了钱就走。于是我低着头竭力不看他，压低嗓门轻声说：OK，OK，Here is the money… Here is some more… It's all yours…（这里有些钱，那里也有，都是你的……）

收银机有两层，我把里外的钱都拿出来给了他。给钱时，也尽量不看他。这时任何一个眼神或动作的疏失，都可能酿成难以估量的后果……

谢天谢地啊，大汉拿了钱，收起枪，飞也似的跑出了书店。

没有言语能形容我那时的心情：一是松了口气，自己没死事小，孩子和他爸平安是最要紧。二是还有那顾客，没吓着她……可是，可是，几天辛苦的钱哪，几天当老板的兴奋，就这样全没了！

我几乎就是一屁股坐上去……想哭，想喊，想诉……

偏偏就这时，来了个要退书的：“对不起老板娘，书买错了，能退吗？”

……

我的老板娘生涯

离家不远处有家参茸行，我常就近去那里买些日用的中成药。每次去，心里都很不爽，因为那个老板娘站那里，一脸的势利相。你要买宗大货，像是百傲钙、花旗参什么的，她一准满脸堆笑；可是你要是买点小打小闹的东西，她就懒得甩你。你一进去，她就盯着看几眼，要是给她嗅出你有买大货的意向，她还会临时“优惠”诱惑诱惑你；要是你改了主意买小货，她算你百分之十的税一点没商量。

我在反感透顶的同时，也觉得特别自贬，因为我也是过来人。正因为是过来人，那老板娘一举手一投足一个眼神我都知道那背后和深层的意思。

想当初开那家书店，书倒是挺多，也可以有时间好好读些书。可惜，心思不在那上头，书没好好读几本，那推销东西的道道倒是悟出了不少。客人一进来，我全身的神经都兴奋了起来，迎接那惨淡的一天里的希望之光。书店的大小常罕客人我心里都有个谱；他们的胃口怎样我也相当清楚。所以每次来了位客人，他/她刚往书架前一站，我的介绍书已经全准备好了。

“这是最新到的医书，是国内顶尖老中医的经验积累。这个么，是最新中医方剂口诀，卖得可好了。”我对一位台湾来的医科学生介绍说。

“这是山水画册，中英对照。我可以给您打六折。”我又对另一位艺术爱好者介绍道，连折扣都盘算好了。

接下来的程序就是讨价还价。顾客挑了一大堆书，软硬兼施要我给更好的折扣。折扣大了，这刚够房租和书费的本儿……哎，也罢，先卖了再说，周转快点也是好事；再说了，这波少赚的，另一波能补回来。我咬咬牙，收银机大折扣键一打，几十元就没了。

可就这样，那顾客拎着两三袋书，还直说我会做生意；边说边怪异地笑着，走出了店门。

我知道，那一句“会做生意”，有一半以上不是个什么好词儿。我听着，心里酸酸的：辛酸加有苦说不出的那种酸；总之是啥滋味都有。

有时候，坐在那收银机旁，守株待兔，望眼欲穿，半天也不见个人影。好不容易来了一个，五毛钱买份报纸就走人了。

那也高兴，总比没有好。我小心翼翼收起这两个铜板，继续耐心等待新的客人。

总这样等也不是个办法，后来我用心整理了一整本的顾客通讯录。每次来了书，我就给每位顾客去电话，告诉他们可能感兴趣的图书。

这个办法蛮好的。一般我打过电话的客人，或迟或早都会来购买。那时候，我自己训练的，电话上声音可甜可柔了。连朋友都有些诧异。

就这么靠着强弓硬开，惨淡经营，书店做得是辛苦非常。有一天，来了一位说广东话的先生，经介绍知道他是做录影带生意的。他来了，四下看了看，说：“不行啊，你这样。你这样一天能做多少生意啊？”

“就是很难啊。”我回答。

“当然难了。你都没有什么东西给人家娱乐。我回头拿些带子来放在这里，看看能租出去多少，利润平分，怎么样？”

看上去他是个十足的江湖生意人，压根就谈不上是任何形式的文化人。跟这样的人打交道，我有些于心不甘，心里也没有多少数。问他爸的看法，他爸说试试看无妨。我这才决定让他把带子拿过来。

他拿来的都是些十分老旧的香港电视连续剧的带子，大部分是广东话的。不过，就是这些破旧带子，还真的给我增加了不少新的客人。我受到了启发，就自己到附近一家批发部去购买新的香港电影带；另外还买了香港的大众文艺周刊画册什么的。

再往后，你猜怎么着？我连那种什么X片都敢进。你别说，那些生意还真的不错，相当有活力。各种客人都租过那些带子。看完了，还会跟我评论一番，说哪些带子高雅些，有情节，有情调；哪些低俗些。敢情这X片也有阳春白雪和下里巴人之分……

我不知道这是不是我曾经的一种沉沦。平心而论，我想不是的。

后来，好几次我提到要重拾旧业再开书店，你猜他爸怎么说？开吧，开了咱就离婚。

坐在这窗台下，一边写着“我的老板娘生涯”，一边梦想着什么时候我能再度拥有自己的书店。重演历史多喜剧，果真有那么一天，情况一定会是很不一样的。

只有自己帮得了自己

我当了四年的老板娘。

我“当家做主”、“自由自在”了四年。

这四年是怎么过来的？

整整四年，我都是七天营业，无休无假。复活节，美国大部分的大中小商店都关门，我没听邻居劝，照常来开门。

这四年中我唯一的一天休假，是为了去市联邦大楼门前去抗议“台独”，支持中国统一。有的人可能会说：“干吗呀？吃饱了撑得没事干啊？”读了我这故事他就会知道，不是的。那些爱国活动也好，爱心活动也好，参与者都是一股精神支持着。当时，我可以说是一无所有，天天为生计拼搏。我是开着并不熟练的高速车去参加那一次的爱国活动的。

大概有一年多时间，我不仅七天工作，还把孩子也带到店里自己看：在店里喂，店里换尿布，店里睡觉……后来孩子大了点，才送到托儿中心。这样稍微多了点时间精力，于是每天开门前，我就先跑一家批发部，拿些好的杂志什么的当天卖。

之后，就像前一节所述，我更开了录影带出租的营业。

还有代影印，代传真……

最后，索性在书店教中文。

没有人帮我的忙。货来了，一箱箱书，我自己卸，自己开，自己整理上架。

每当夜深人静，我做的一件事，就是结账：每天书店的账。那是我辛苦疲劳一天之后最美好轻松的时刻，最有效的安慰……

钱，钱，满地都是：一块，十块，五块……二十块！哦，那里还有张支票……

第二天一早，等不及就往银行跑。

是的，数钱，数钱，是我书店老板生涯的最强光景，最大心欢。

“嘿，瞧，这是我今天做的！”生意好时，我会兴高采烈秀给他爸看。

“看你，只会数小钱。”他爸免不了讽刺一下，不过却也是笑眯眯的。等到付房租，付各种账的时候，他就会问：“怎么样啊，那天数的钱还剩几多呀？还是……”

谁说过什么来着：小农经济把人心变窄了……

我得说，经过我的苦干加实干，我的书店并没有失败，并没有赔钱，还有小赚，还有四年接人待物、人情世故的种种历练，种种反省。书店有些像茶馆，客从四方来，主人的招待得八面光。这边的华人社区我感觉最深的是统独之争。书店来过许多当地的“台独”大老，可中国书他们还是买。有时碰上急统派人士，言语不免擦撞，甚至上火。这时我就得巧妙委婉地居中调和，缓和气氛。

“都是华人嘛，哪来那么多分别呢。”我说，“美籍华人，大家互相关照在美国才好办事呀。”诸如此类的话我常挂嘴边。

书店经营近一年后，我怀了第二个孩子。明明知道怀孕期间应该心情舒畅，应该轻松愉快过日子，可是谈何容易啊。当时的日子，担心焦虑的时候多，少有无忧无虑的时刻。不知道是不是跟身心的劳累有关系，我还得了一次带状疱疹！去看了楼上的中医，他说：这病本来就难治，你还怀着孩子……说着连叹了好几口气。

带状疱疹是治好了。不过，就像第一个孩子使我离开了第一家书店一样，第二个孩子的到来使我毅然决定关闭我自己的书店。我再也无法集中精神和心力经营我的梦幻书店了。

这之后，我的家，我的个人道路，迎来了空前的艰难和挑战。

诗停止了。

当我又一次站在人生的一字路口——就是只看到一条路的时候，当我必须背水一战，并且必须得去做我最不喜欢做的事的时候，我无力地感到：我的人生只有一条路走；我感到，除了自己咬牙去做，没有人能帮得了你。

关山从头越，感谢神，使一切可以想象。

上帝，别让我学电脑！

一、再觅生路

在被迫学电脑前，我曾经尝试过另一个生意，那是一次不折不扣的失败。就是在那段期间，母亲病危，我却没有办法回去和她告别……

"不要再烧香了，"一位越南来的天主教徒对我讲，"到教堂去，到圣母跟前，把一切都向她倾诉，她会给你力量和安慰的，相信我的话！"

大概是我和神的缘分未到吧，当时我并没有立刻去教堂。

母亲走了，就像歌中所唱，我没来得及看着她的眼睛说："妈妈，我爱您！"

那一天，不眠之夜的第二天，他爸将我叫过去，对我说："你去学门电脑语言吧，否则，你今后怎么办？"

"今后，我就靠你啦，不，不行呀？"

"不行的。"他摇摇头，"你自己总得有自立的能力。"

"可是，电脑，我怎么行啊！我不是那块料呀！"我心里喊着，天哪，别让我学电脑，简直是对我自己的摧残。

"电脑很简单的，都是死东西，你肯定一学就会。你要早听我劝，就不至于今天这样被动。这是你最后的机会，你现在学，还来得及。"他爸说。

他爸后来和我回忆说，我当时的反应是：让我学电脑，我就从这儿跳下去。他爸还是蛮了解我，我这种性格，心直、坦诚、单一，也就是埋头编程序合适。

我心里犹豫，不情愿。世上所有的学科，电脑是我最不愿意接触的东西之一。

符号世界里没有歌，没有梦……但是，两个孩子嗷嗷待哺，他爸也承接了沉重的翻译工作。审时度势，看看这个家，看看他爸的态度，我感到，已经别无他路，为了这个家，也为了我自己。

家里已经没有存款，学费、书费都必须靠借。报名之后，他爸来了激将法，说："我再支持你这一次，你好自为之。"

二、从古汉语到 IBM

就这样，几乎是电脑盲，连 WORD 都不怎么会用的我到了电脑学校，背包里装着几本最基本的厚厚的教材：IBM 中型机操作；IBM 系统控制语言；IBM 中型机软件语言；IBM 中型机数据库管理及程序编写，还有一本厚厚的英汉字典。

"以前学什么的？" 老师问。

同学中有许多本来就是学电脑的，有学机械工程的，只有我，相距十万八千里："我是学古汉语的，特别是，呃……音韵方面的。"

电脑课本书上，每一章，每一节，对我都像是硬石头。

我总是第一个到学校，最后一个离开。因为实习，需要机子。IBM 中型机，只有在学校里才有机会摸。

第一个简单程序做出来了！是个公司销售 REPORT。接着第二个，资料筛选；第三个，ON LINE 资料搜寻；第四个，第五个，如何 PAGE DOWN；第六个，第七个…… 可是程序设计的精髓，就是如何驾驭 DATABASE，如何与 USER INTERFACE，我是有了三年经验之后才领悟到的。至于更宏观的，如何设计，保持和完善 DATABASE 的完整纯净一致，又如何在 DATABASE 的设计和程序的设计之间达成最佳平衡，等等，我到现在仍有一种无力感。

半年流汗，半年皱眉，半年熬夜，半年多不辩明月朝阳……紧张的强化学习训练之后，我上了找工战场。

三、屡战屡败

我去大型的 JOB FAIR 应征，带着精心印好的履历。

努力学习应征面谈术。

"来应征的人很多，给我们几个理由，为什么我们得要你不要别的人？"

这个问题，或类似性质不同角度的问题，常被问到。第一次愣住了，第二次我就有备而来了：

“I think one is my work attitude. I will take whatever it takes to get the job done on time. You can count on me. I am a great team player，easy going. I don’t work just for a paycheck，but also see the work as my career. The other is my personality. I am enthusiastic，energetic，I am a person of integrity…”（“原因之一是我的态度和个性。我会不惜一切完成工作。你可以信赖我。我具有团队精神。我不仅仅是为钱工作。我热情并精力充沛。我行为准则是一致的……”）其实这也基本是我现在工作老板的评语。

在美国找工作，经验和学历同等重要，假如不是更重要。对我这个半路出家的人来说，没有根基，没有经验，根本没几家公司会感兴趣，何况，我学电脑的时候，电脑业已经走下坡路。

我到了城南五十多英里外的一家公司。每天开车来回三四个钟头，一路上，想的尽是程序。那时从经理和 TEAM LEAD 那里听的最多的一句话是：You should know how to do this… You should know how to do that…（你该懂得做这个，该懂得做那个……）尽管披星戴月不停地赶编程序，修改漏洞，一个月后，人家还是解雇了我。那一天回家，记得清楚，泪眼蒙眬的开了五十几英里。

我到了城东一家公司。一个程序，一天能 COMPILE 五六十次。没经验，没有及时删除那些 COMPILE LISTS。经理盯上了(他在机子上就可以监控我在做什么)。把我叫了去。他说：“我看你不停的 COMPILE，就知道你有问题。你的程序怎么老爆？ Quote my words（记住我说的）:你永远都成不了一个程序员。你可以走了！”

四天，只要能多给我四天的时间，我一定能造出船来。可是，多一天人家都不会给的，人家不会等你，不会花钱给你学习的。我不能怪他，是我骗他我有经验。上帝宽恕我。

走过了一个循环，我再度面临到处被解雇的困境。

我的履历几乎已经寄遍了本地所有大公司，在这里我是没有指望了，连平时沉着的他爸也失去了耐性着急了起来。

于是只有将目光移向外州。

记得电话上应征过一个密苏里州的，没要我。

还有中西部另一家。

“那里气候很糟哦。”有朋友提醒我。那也得去，只要能有个工作，还在乎什么气候啊！

每次电话上谈，都要回答一个很难回答的问题：你为什么要千里迢迢离家工作？

佛罗里达有一家，电话上过了关，我亲自飞过去面试。美丽啊，佛罗里达JACKSONVILLE。可是现场程序没编好，无缘……

四、奔赴南卡

终于，我看到了南卡罗来那州一家公司的广告，广告上只要求初级水平的程序员！

连犹豫伤感的时间都没有，我和他爸商量决定，远离家，到南卡去做这份工。那天，他爸带着两个孩子送我到机场。我亲着孩子们，告诉他们："妈妈不在，爸爸会很辛苦的。一定乖乖听爸爸的话，妈妈很快回来。两年，顶多两年，妈妈一定回来照顾你们，好好照顾你们！"

小儿在机场还不干。我就告诉他，我去赚了钱，才能给他买好玩的东西。

"买了就回来啊，妈妈！"

一家人挥着手和我说再见……

南卡罗来那，我来了！我，一个几近支离破碎的人，感谢神，将我带到你的熔炉，你的怀抱。忘不了你扭转乾坤的力量；你为我预备的，是那样多，多过电脑，多过网络，多过钱，多过房子，甚至多过希望……

**** 重要附注 ****

特别讲一下。我的车当时是托运车公司运送的。那位可敬的，从东欧来的卡车司机，千里迢迢，冒着冬天的强风暴，翻越雪山公路，将我的车完好无损地从西部运至南卡。当我在K-MART大广场和他见面时，看着他饱经风霜的脸，听着他讲述他如何跟扭秧歌似的在大雪山上驾驭他的大卡车，我明白了，生活，对每个移民都不容易。从此后，我懂得敬爱运车的卡车司机，他们真的非常不容易！愿神爱和他们同在。

深深地感谢神！

我爱我家

一、“棕城”凌晨五点钟

从南卡回西部后，工作繁重困难了许多。公司从事一个非常复杂的医院控制管理系统，支持数百家医院的日常运作。在这里工作八年以上，才敢称自己为资深，更别说我这个新手。写程序本身还好，ON CALL 对我极富挑战性。一天 24 小时，每时每刻 PAGER 都可能响。假如你睡，你要起来；假如你在高速路上，你要下来停车，排忧解难……

加州高速公路，日夜穿梭不停。我上下班是 Go with the traffic（顺上班车流），塞车一塌糊涂。我就试着早去早回。每天，我五点左右就上路。快到的时候，太阳已经上了山。

棕城的五点钟，已是万车齐奔。大概是因为这座城市人口多，节奏快，很长时间以来，棕城的上班族们已经养成了一早上路的习惯。

这一天，我照常五点多就上路，开到车最多，速度又飞快的时候，突然一阵晕眩，视觉模糊摇晃，耳边鸣响，眼看着方向盘就抓不住。

我的思路却是清醒的。就是:今天搞不好要出大事……求生的本能控制了局面。我慌乱中打开了空调，打到最大；把收音机也打得响亮。冷气的吹打和收音机的刺激，使我很快恢复了常态。

那天下班回家，我见到孩子他爸就一下抱住了他。见到儿子又紧紧抱住了儿子……他爸问我怎么啦？儿子问妈妈怎么掉眼泪了？我没说什么，心里在说：我好爱你们，我好爱这个家！……

从那天开始，相当长的一段时间里，每天开车上下班，对我似乎都是一种生死决战；健康也跟着每况愈下。这一切，难以笔叙……

二、美丽的万兰溪崖

就这样，由于健康的实际情况，也由于 TEAM LEAD（领班）极其不好相处，最后没有办法，只有再度离家，我离开了那家支持医院程序的公司，最终到了我现在的地方：美丽的万兰溪崖。这是一座仅有十几年历史的城市。这以前她只是荒漠和坟地。我在工作的地方租个房间住下来。不过这次好了许多，因为每个周末，我都能回家来和亲人团聚。

眼望万兰溪崖的山谷平原，蓝天星星，就会想起“America the Beautiful”：

O beautiful for spacious skies,
For amber waves of grain,
For purple mountain majesties
Above the fruited plain!
America!America!
God shed his grace on thee
And crown thy good with brotherhood
From sea to shining sea!

我几乎不用再到美国其他地方旅行。每天清晨上班路上，月亮还挂在天上，东方云彩烂漫，远处群山紫里透蓝。两边的树显得那么平安。万兰溪崖有着沙漠的雄伟气势，也有绿野的秀丽多姿。她野气中透着安详，峡谷里散发着幽香。我特别、特别地喜欢万兰溪崖清晨的金色晨曦和紫色山峦，黄昏天边的迷离夕辉和荒野上的硕大满月……

就在万兰溪崖这家公司里，花开花落，几度冬夏，我也以优秀的业绩，年年获奖。

有歌唱道：问此生，情尽何处？万兰溪崖，我情尽的地方……

三、“我为祖国献石油”

每个星期一，对我真难啊。每次，我都要带上足够四天的衣物食粮。离家之前，我会为全家向神深深祷告祈福。一般我离开的时候，家里人都还在睡觉。有时走晚了，孩子们就会站在门口和我挥手告别。“See you Friday mom!”小儿子喊道。

想着自己要过五天才能再回到温暖的家里，和亲人们团聚，心里忧伤。后来想出一个自我平衡的办法，就是一边开车一边唱“我为祖国献石油”这首豪迈的四海为家的歌。

头顶天山鹅毛雪

面对戈壁大风沙

嘉陵江边迎朝阳

昆仑山下送晚霞……

思绪回到中国，回到童年。算命先生早就算出，我会远离家园，去到很远的地方。我先是离开了南国，到了北京；接着便是跨越太平洋，到了美利坚。中国，她的深情，她的厚意，她的恢宏，她的豪气，她的养育熏陶，使我百折不挠。中国的精灵，像蓝天白云，陪我天涯海角……

四、我爱我家

每当下班回宿舍，望着窗外美丽的晚霞，思念家里的大人小孩，我就会想起第一份工听不懂：ONE COCK 的情形；想起在第一个书店里如何被人笑，想起旅馆冒着烈日清扫几十个房间的那一天，想起当保姆，想起自己当老板一年 365 天不得闲，想起家里几乎揭不开锅……想起自己一个学古汉语的来到美国，从走投无路到现在成为大公司里的技术主力，想起在南卡想家想慌了神……

想起现在，家里人生活得安心，他爸不用再做艰苦的翻译，爷仨可以一起专心练网球。每次自己被公司奖了什么，都会高兴地向他爸汇报，也会和孩子们讲，大家都很高兴。每到周末，老板准许我没特别的事四点钟就走，我真是等不及往车那边跑。回到家里，孩子们在的话，会一边喊着一边冲出来抱住我。和他们在一起的每分每刻，对我都胜过黄金白金 ……

我心里充满了感慨和感恩，我感激啊。我感谢神，我感谢人，感谢美国，感谢南卡，感谢万兰溪崖……

我问过孩子，咱家属于有钱没钱的？他们会说：不是很有钱的那种，但是也不用担心没钱用。我就告诉他们世界上有多少孩子连饭都没得吃，哪知道什么玩具，什么电视，什么叫 FUN……生活在美国这么好的国度，周围环境好，平安，宁静，孩子们得以幸福快乐成长。我们要怎样的感恩，怎样的珍惜。

是，在美国，一直没有归属感，直到孩子们出世了，看着他们上学堂，我才发觉，美国就是我现在的家，虽然它没有生我养我，它却改变了我的人生轨迹，改变了我，重塑了我，造就了我，支持起我一个温暖的家……

我爱我家，我爱美国。

五、两棵树下

离公司不远，有两棵高高的树，一棵更高一些，雄壮一些；另一棵显的温柔些。每天工作之余，我都会腾出 15 分钟时间，走到那两棵树下。这是办公楼群的尽头，再往外就是一片茂盛的树林。四周很安静，我坐在那两棵树下，和神诉说着许多心里的话，亲近的话，欢喜的，忧伤的，忧虑的，要求的，悔恨的，什么都有；也常常在那里为自己也为亲朋好友祷告祈福。

在那两棵树下，一切都是和谐圆融的。自己的过去，现在和将来融成一体；自己和环境融成了一体；中国美国，天上人间，融成了一体，自己和神融成了一体……有时候，到了那样一个境地，甚至觉得，自己已经到了天堂里……

一切的一切，归结于神，感谢神！

老板我其实很爱你！

那个星期日我去买菜。我从超市出来时觉得有人跟着。当我打开车仓放东西的时候，身后响起了一个声音："能请问个问题吗？"

回头去，只见一位六十上下的女士，手里拿着本小册子，彬彬有礼站在一边。

我看出她是传教的，尽管有自己的信仰，我还是向她点头示意表示她可以问。

"在你看来，人生什么才是最重要的呢？是钱？职业？还是精神的丰盛？"

我觉得有些遗憾对她的提问无法用选择打勾的办法回答，因为我的答案没在她选择单上。

我说："我想爱是人生最重要的吧。人们之间互助相爱，个人也好人间也好才能更好些。"

她说："对对对，你说得很对。为什么现在的人们缺少这种爱呢。"看我推车上有两袋米，她就说："要不要我帮你搬上车？"

我谢了她，说不用；又接过她递过来的小册子，叫《瞭望台》。

关上车门，倒完车，徐徐往前开时，突然觉得那面容加上声音好熟悉。大概印象太深刻了，几秒钟之内我就在记忆里找到了她：她就是我刚来美国不久所打的第一份书店工里的书店老板！

一般礼拜天因为还要去教会，我买东西都很赶。但是一股强烈的欲望，使我把车停靠一边，往回跑着去找我那位往日的老板。

边跑边四处张望，不见她的影子。那边有家书店，她一定在里头。进去一看，果不其然，她正和柜台小姐微笑着聊天呢！

我进去，还喘着气呢，就对她说："我见过你，我认识你，你是 ×× 太太。"

她有些意外，不过还是很有礼貌地说："是，我以前是姓 ××。"

哦，我想起来，她好像是离了婚。

我继续说，相当地语无伦次："我在 ×× 公园市的那个超级市场那家书店里认识你的。"

她仍然微笑着："我是在那里做过工。"

"你是我老板，我给你打的工。"我说，"我坐过你的车，BMW。"

"是吗？"

"是，我还去过你家。我记得你说过，所有的这些，BMW 车、房子、书店，都是祂给的。我都记得。"

我莽莽撞撞接二连三地说这些，就是想和她相认，没别的。她的出现，使我来美早期的打工往事重新出现在眼前，心情按捺不住地激动。

不过她好像并没有多少共鸣，脸上非常的平静。我进去顺便给孩子拿两本中文写字本，一分钟不到，一转身，她就不见了！

我想，她肯定记得我，我就是那位勤恳做工，但是没有被她给足机会，一个月之内就被她解雇了的人。

我心里直遗憾没有抓紧机会向她说我其实很感谢她，初来乍到从她身上我学到了很多，我打心眼里喜欢她的独立坚强能干，后来听说她不仅离了婚，还把书店卖了。生意好是好，烦心事肯定不少，看她头发白的，她肯定经历了许多。这次见到她真的觉得很亲切，打心眼里爱她，祝福她……

遗憾她为什么要这样匆匆离开。既然人要相爱，为什么不能坦坦荡荡，痛痛快快地表达这情感，不管我们曾经是什么关系。毕竟，人际关系、社会关系和爱有什么相干呢。

开车回家的路上，我替她向神出声地祷告。愿神保佑她健康平安，保佑她快乐幸福。好像，既然没有机会当面祝福，只好把这祝福托付给神。

在美国公司获奖的惊喜

“惊喜”这个词好像有些用得太滥，特别是到了美国以后，特别是在过生日或逢年过节的时候。这也惊那也喜，有时候是天机先漏，有时候是习以为常，感觉更多的是有喜而无惊。

二月十号晚上，在山上暖暖的炉火边上，我平生第一次体验到什么叫惊喜；我第一次领略到了那“掌声响起来，我心更明白”的情和景。

这个星期里，我基本是在病中度过的。十号是公司一年一度的颁奖晚餐，我一直担心自己参加不了。自从一次大规模的IT部门人员缺席后，部门老板强硬表示这个会希望大家都能参加。我先生也和我说过，公司的活动，一年才一次，就算从感恩的角度，大家互相捧场加油打气的角度，或是喜庆的角度，都该参加。那以后，不管心里什么感觉，我总是按时出席。工作九年，我四次站在领奖台上。但是2005年以后，虽然我仍然年年有奖金领，除了一次集体荣誉奖，我再也没有得到过什么奖项。原因很多，应该说大都为客观，其中有政治方面的原因——是的，美国公司里都有政治——比如去年我们部门一个奖也没得。

连续几年没得到个人奖，我心态上已经变得漠然，对这个颁奖晚宴不抱指望，不指望自己能得什么名堂。

晚宴在山上一个很雅致又很开阔的乡间俱乐部举行。在总裁例行的演讲完了以后，颁奖开始了。念到第三个，公司总裁说：这位员工工龄九年，九年来，她一直以勤劳的工作为公司编制高质量的系统，她非常有创造力和创造精神（噢，这个“创造力”很是抢眼，总裁插波说），两年内在公司的传统数据库和两个网站及其他新平台间建立起精确牢靠的整合连接。这位员工就是Margaret Zeng。

全场掌声和欢呼声雷起，我愕然。我有些迟钝地、徐徐地起身，穿过一张张宴桌，耳边一派庆贺的掌声话语，我穿着平时很少穿的高跟鞋，脚步有些恍惚、有些踉跄地走到台前。接过奖牌，看着总裁，又看着台下，我知道，我的老板和同事们就在那里面，正向着我欢呼。虽然英语迟钝，也不习惯在人前发言，我心里强烈地感到我必须要说几句。

我说我没想到我会得这个奖，接下来除了使劲说谢谢同事们老板们，谢谢大家外，再也说不出别的来。但是那就够了，感谢，就是我必须要说的主要话语。

事后有同事跟我说：能看得出来，你太高兴了，以至我跟你道贺时你都看不见我。我说:抱歉！应该讲，我是惊喜，太惊喜了。另外，也是在讲台上感觉很紧张，因为不习惯。（写到这里就由衷佩服我儿子，他可是站在全国比赛的演讲台上，临时准备，即兴发挥，滔滔不绝！）

第二天，我给部门大小老板发了感谢函，我说："It was a total surprise to me. Thanks for giving me the precious opportunity to enjoy the first moment in my life what the true surprise is. Thanks for the encouragement，trust and support to make the achievement possible. I really appreciate it. There maybe moments of up and down，but as Jim mentioned last evening，passion is what we need for the success and the passion is always there disregard colors of the moments.

Thank you and Happy Valentine's Day!"

我说的是真心话。回首过去，一路尝到过的更多的是失望和沮丧，其中包括投稿不果应征不中之类，中的时候，却又觉得心理上有预感，所以没有特别的惊。只有这一次，是真正在我完全没有期盼的情形下鲜花迎面入怀。这种感觉特别奇妙，也特别甜美。

工作台上挂着我历年来所得的一系列奖牌。同事们围过来，啧啧称许，说我太伟大了。我腼腆低眉，说我还没得过公司最高的总裁奖呢。

人都说：往最好去努力，往最坏去准备，不是没有道理的。人树立了目标后，为了那目标，应该要尽力而为。这个尽力，也很难定标准什么叫尽力什么叫不尽力，但是总要说得过去。尽力了，对目标的实现与否却一定要洒脱，别跟目标过不去，也别跟自己过不去。一切随缘，要知道，许多东西都不以人的意志为转移。你很热切期盼的往往会落空，叫人有梦碎的感觉；而在你不经意的时候，那惊喜却可能自己来敲开你的大门。

（写于2011年2月，文心社精品推荐）

一个中国人抱病加班

他爸平时不出差，专门挑我工程叫紧的时候出。我提前两个月和老板请假。

“五月一号新系统投入生产，你四月最后那个星期要请一整周假？！”老板一脸为难，也有些不悦。

“没办法，孩子们需要有人照顾，我离得太远，真的顾不过来。”我说。

“我做不了主，得请示大老板。”老板说。

“要不这样，我请三天就好。”

“我说了，得请示大老板。”

“老板，我现在都没办法请假了，一会儿轮到 ON CALL，一会儿工程投入生产…… 我还有二十天假日哪！”我语带抱怨。

“没办法，我也不愿意这样。”

实在说不通，只好耐心等。还好，大老板说他心肠软了一下，就批了我那三天假。

工程投入生产前的三天假，显然是我欠老板的一大人情。结果你猜怎么着，上周三上班，老板说我周六必须来盯着。

“老板，我本来就打算周一七点钟以前赶到。”

“我知道，但是周六我需要你在这里帮忙；你到底来不来？”

“来，来……”我敢说不来吗？

不料身体不争气，周五还病倒了我。

病倒也不行，五十里路也得开过去。去了大概当天也回不来了，看样子这回要离家九天了。

于是抓紧时间往国内的父亲和姐姐家去了电话。工作的地方远，电话卡也不怎么灵。

“能不能辞职不干了？”爸爸问。

“这个，再说吧。”我支吾。

今天（周六）加了半天班。倒是紧急关头帮了大忙，总算没抱病白加这个班。

周六加班，周五晚我就开始整东西。行李里都有什么，说来你不信。光说吃的：有姜，有红枣。因为我发烧，想熬个红枣姜汤，准备临睡前猛喝一碗，然后蒙头大睡让它出汗。

有绿豆，因为我孩子他爸说绿豆对我好。

有薏米红豆，因为人家说这是长寿良方——当然，缺了一味：南瓜，所以熬这红豆薏米粥主要是觉得好吃，长寿是次要的。

有豆奶，因为人家说总喝牛奶不好。

有枇杷露，因为我咳嗽。有板蓝根，因为怕嗓子发炎。

你可能说，有些东西，也可以在洋人店买啊。是啊，可是味道不是不对口就是不一样，还有，价钱贵许多。比如说吧，今天加完班回我林中屋的路上，拐进了一家洋人大超市，因为我口渴得慌，想吃梨。一看价格，犹豫了一下，买了一个小个儿的。你猜多少钱，一个小梨，一块钱。顺便想起来，小时候那个梨，大概是两分钱吧——那是商品以分计算的年代……

行李这个多，这个重哟！好像带得很全，可还是忘了一样：茶叶！

这下有我的难受了。让我两天不喝中国茶，那不是跟缺鸦片似的会抓狂？！

赶紧看看哪个旮旯里侥幸有点什么。哇，真的也，一个用空了的乌龙茶盒里，装着两个不知哪个年代剩下来的茶袋！一个是茉莉花茶，另一个是薄荷茶一类的东西。我如获至宝，为了这茶袋，烧起了一大壶水。

茶是满足了，电视怎么办？这里像是深山老林，连 NBC 都收不到。他爸为了这个还好不容易从 AMAZON 专门给我买了个特大天线。小小一个电视机，配那架巨人般的天线，整个厅显得特滑稽。买来了，勉强能收到一个华语电视台，还时不时告诉我没信号。

从南卡罗来那回加州后，这是我第一次周末自己过。有陈茶，有断断续续的华语电视，有绿豆汤…… 可心里还是空荡荡。一个电话打回家，小儿接的电话：“爸爸在睡觉。”他低声说。

对面的孩子们玩耍闹了一个下午，我这心里是越发的闷得慌。

天色渐渐暗了下来。吃什么？有 Chicken Noodle，有炒面，都是方便式的。吃炒面吧。六分钟后，一碗热腾腾的面就跟变魔术似的出现在桌子上。嗯，味道好极了！

炒面入腹，一切又恢复了空寂。

林子里鸟儿在鸣。那只狗也开始叫了起来，大概是等主人等急了吧。

明天，明天我要去一下这里的小教堂。刚搬进来时，是那位牧师帮我点着热水炉的火。

（写于 2010 年 5 月 1 日　万兰溪崖佳思地林中屋）

俺这所谓的生活

两周前我离家时，那花儿还没开。两周后我回家时，那花儿已经谢了。

花儿又算什么呢？孩子，还没怎么感觉呢，就已经长那么大了；从柔顺地趴我怀里到硬硬的一句：What？（干吗？）

周一国殇日，午饭过后，我的心就开始烦躁起来。昨天还好好的。昨天从教会回来以后，不说满心，半心春风总是有的。神说不要生气，生气的时候伤到他人，而且还显得你很对的样子。生气和自我为义不是天堂的样式。还是那句话，活出耶稣的样式：有爱，宽容，自省……

心境在光明和黑暗之间，甚至生和死之间交战几个回合后，似乎又找到了一些平衡点。礼拜一早上收拾屋里时还高唱《十送红军》。和红军没有任何关系，就是那个调子颇适合我一直低沉的心境。能唱，心情还算好的;真正糟糕的时候别说唱，哼都哼不出声音来。

现在周末在家很少再写什么东西。每天走路锻炼，做家务，整园子，购物上教会……时间就差不多了。儿子两周前就到家了。由于系统升级被关在公司里，我忍耐了两个星期后，终于见到了儿子。周六在牙医那里，医生问起小儿和孩子他爸的事。我口被专政着说不出话，伸出四个指头来使劲晃着。我是想告诉医生：我家里现在是四个人!

四个人，家里四个人平安快乐在一起，我心里就幸福。很低层次（基本）的幸福，却是很大的幸福。

大儿知道我喜欢他，念着他。他很懂事。做什么事都会考虑到我。

幸福，刚起了个头，床，还没睡暖，我又得张罗离家的事了。看着一大堆的包包裹裹，无名的烦躁又开始在周身膨胀。

烦躁，有啥好烦躁的？难道是我对生活要求过高？没有，我既不求发财，也不求别人围着我转。难道是我特别爱悲观？我可是十年风雨路，十年高歌走。又难道是我特别爱抱怨？说是，那么我就是吧！生活就该有生活的样。我这没有样子的生活还要拖拉到几时？

是，给你抓到把柄了 ——生活哪有什么固定的样式？四肢健全是生活，缺胳膊短腿儿也是生活。你这四肢健全的，知足吧你！

好好。生活样式多端，譬如俺这一式，也是生活，所谓的生活。

嘿嘿，回了老板一巴掌

先说这“嘿嘿”，同事商已经指出来了，这是玛格丽特的“Evil Laugh”。

再说这个老板。本来我们官兵关系融洽，只是近年来由于种种原因老板人性似乎是有些异化了。

5 月 31 号晚轮到我晚间监控系统。我六点半从公司回到住处，七点半开始夜间监控，一直监控到近午夜十二点。隔日一点多，又爬起来查看了一下。就这么着，第二天我起晚了。

月底 ON CALL，隔日晚到本来已经在会上被老板默许了的。所以第二天我偷了一下懒，九点半才到公司。不料老板九点没到就打电话到我工作台。没找着我转而问同事我去了哪里。同事没脑子，说：还没见她来呀。我一到公司，看到一大堆 tickets 等着我处理，其中竟然还有一封信，写给我们几个程序员，而且还 cc 了 IT 新的总老板。信中她说：以后呀，假如要晚到，请事先来个电话，免得我们抓瞎。她就是想让总头知道，这个玛格丽特，今天迟到！

我那个火大哟。平时加班加点，周末 / 月底半夜都要爬起来监控，还有，系统升级或是其他什么“大事”，我们整个周末都泡汤。没一句谢话不说，居然还搞阳谋告我刁状。我毫不客气一信回给所有人，我说：我今儿晚到全是因为昨晚 ON CALL 熬夜！不是可以不必事先通知吗？言下之意，你不是默许过了吗？咋这么健忘嗫？咋一句感谢话都不说嗫？

嘿嘿，有理不怕对老板气粗。她给噎了回去，再没说我半句。那新大老板见了我，也是嘿嘿嘿的……

前不久应征了一份合同工，工资和我现在的差不多，不过没有任何福利，也没有任何个人假期,结果你猜如何,那位人事处负责人还问我愿不愿意无偿超时做工！还真亏她问得出来。

已经很多年了，我们上班都要超时，不超时好像还不正常了，好像还不配那份工资了。后来朋友聚会说起打工的事，说现在这种超时现象很普遍。难不成经济困难，雇主也越发吸血？

这一阵大搞EDI。我没有受过专门训练,硬着头皮搞那些密密麻麻的文件对接。老板不懂这工程的难处和耗时处，指望我数天完成，恨不得我周末也再一次搭进去。No,no,no，周末我至少得有时间维持精力并为新一周做准备和储备，对老板的意图我是强硬抵挡。老板暂时是不吭声了，我心里却是忐忑了一下：近来频频忤逆老板，她会不会炒咱鱿鱼啊……咱再气粗，也不过小卒一员，生杀权全系他那里。

近来工作气氛越来越不好。有的同事可以工作上大谈美国选举及其他。而我，忙得没头没脸，午饭都是三口并作两口，原先对甜点的热衷已经消退殆尽，取而代之的,是一杯枯燥的咖啡。喝一口,舒口气,还阿Q提示自己：想想人家失业的苦恼，知足常乐吧！

不时得阿Q，英雄气短，因为俺自身有不得已处。就算心里做好了天不怕地不怕再度到其他远方甚至外州的准备。

不得已处，或者无奈处，是人生的一部分，只是有的人生活中不得已多一些，而已，比如俺的生活……所谓的不得已，在神的眼里也许竟是好事，谁知晓呢。

十年寄宿

不知道这生涯何时是它的尽头；我在万兰溪崖寄宿的日子就快十一年了。

喝了十年的米粥晚餐，下了十年的咸豆豉，拎了十年的手提箱，吃了两张价值一千多美金的交通罚单……

公司总裁评语：MZ has proved herself the precious assets of the company（明路证明了她自己是公司的珍贵财富）.

老板评语：MZ will do whatever it takes to get the job done（明路可以为完成工作而不惜一切）.

评语的辉煌后面，是七年离家背井，清冷俭朴的日子。

先是住在一个菲律宾人 Amy 家里。是看了广告去的，一个月才 374 元。不知她怎么会出那么低的价。算我好运气，离公司还只有一里半路。

虽然住她家里，见面聊天的机会其实很少。文化背景不同，共同语言也自然少。有几次，她主动来敲我的门，为了要跟我倾诉她和她丈夫的离异。她丈夫有了外遇，干脆和另一个女人住一起。有时回这个家来，两人就吵。吵架最后总是以他的大吼大叫和 Amy 的泣不成声结束。后来他打伤了 Amy，被告上法院，法院发布特别令，从此他不准再进这个家半步。

可怜的 Amy，我本来帮她介绍了我公司的工作，她只做了两个多月，由于丈夫那边的干扰分心，终于没有能够过得了三个月的试用期。

在 Amy 家的日子里，也是我在文学城信坛的日子。晚上回宿舍后，没有电视，没有电脑，唯一的娱乐就是张宇的专集《奇迹》。几乎天天听，歌中的问题也是我的问题；张宇的悲情呐喊在我心底起了强烈的共鸣，是我心灵很好的慰籍：

为什么生活会如此纷乱　平静是我最奢侈的梦想

谁可以告诉我一个地方　我不安的心　可以获得解放

……

到底什么地方靠近天堂　一点点音乐　一点点的孤单

抚慰着我的心灵　不再彷徨……一点点堕落　一点点的希望

可以在我的地盘大声狂喊　不管有多少辛酸　多少艰难

Amy 的孩子夹在仇敌般的父母之间，整天沉默寡言。他喜画画，却没人欣赏，我常会过去给他鼓气，还给他买过画本什么的。

后来他慢慢长大了，住我隔壁，共一洗手间，我觉得很不方便，就开始找别处寄宿。

有一天，我现在的同屋 RM（那时我们是同事）来问我："听说你在找房间，要不要到我那儿看看？"就这样一拍即合，我从 Amy 那里搬了出来，去到 RM 的家里。

十年了，有时半夜醒来迷糊中以为是在家里，心喜；打开灯，才发觉不是家，心怅……

虽说在万兰溪崖住宿，对那一带却不熟。因为我除了同事过生日外从来不去 shopping，不进餐馆，一应物品都从家里带。每个礼拜我带到那边的东西都是五六大包。星期一早上那个难呀。看着那些东西都累，还有就是想着要离家好几天，心里累。

班上有个很好的同事，常问我："你这样离家，一定很不易。我很难想象我怎么能离开我女儿一天。你孩子们一定很想你。"

我点点头。其实，十年了，孩子从小到大，从不习惯到习惯。不习惯的，大概永远都是妈妈。每个礼拜五，我被许四点回家。大概三点五十我就开始收拾东西了。同事们听到声音都会逗笑。我想，同事们也习惯了，麻木了，体会不了我此时的急切和激动。

有时爸爸忙了累了，孩子们就自己上学。

平时他爸带着俩孩子兼工作是够辛苦的。每个礼拜天晚我都要洗衣服，清洗厨房，另外，洗手间里一定多放一卷手纸……

每次多做些菜，心想这样起码他们周一还有菜吃。周五回来，见那些菜还封着没动。我问你们都吃什么呀？他爸说："我们吃得可好了，麦当劳啦，IN AND OUT 啦，寿司啦，烤肉啦……你千万别多做，没人吃。"哎，反正我觉得他们就是胡吃。

晚饭上有一次小儿说：真希望妈妈有一个完整的周在家里。

"会的，妈妈一直在争取，妈妈一直都没有放弃。"我回答。

找了整整十年的新工，祈祷了整整十年。十年来，心里没有片刻失去感恩，从心底由衷的感恩。不管怎样，有一份很好的工作支持家庭，已经是多么大的福。何况比起我只身在东部，几个月才能回一次家的情况好太多了。

想家不习惯时，我找很多东西来支持自己，其中有一条就是圣经这段话：

爱是凡事包容，凡事相信，凡事盼望，凡事忍耐。

爱是永存不息的 (Love never fails)。

早上开车看见山那边金色的日出，我就想起：凡事相信，凡事期盼，凡事忍耐；爱，永不失败。

不管还要多少年，坚持下去，直到孩子们都长大……

房子，家后院的花果

在国内时，住的是宿舍楼的一个房间，那已经是期盼许久，非常幸运的了。自从有了那个房间，我一有空就到邻近的商场去转转，看有什么可以买来布置的。

不久，就买了套组合柜子，横摆房间中，这样，一个房间就成了俩！“里间”是床；“外间”有茶几，沙发什么的；还有我的书桌。

很满意了。想来，在那书桌上，正经读过，思考过，写过不少东西。

刚刚落脚美国，住的是人家家里。当时很不习惯，我以为，他爸为我预备的，是独立自由的居住天地。

开始时，觉得还没有自己在国内的自由舒适。

同屋是一对越南华侨，陈先生和陈太太。记得陈太太老去买六合彩，买之前，好像还要烧烧香。后来我才理解，其实大部分难民时代来美国的越南华侨，是很想得开的，也很容易满足的。

“逃命那会儿，就是满地黄金，也没人拣的。”陈先生说。

后来搬住墨西哥区。在墨西哥区印象最深的是深夜窗外仍是摩托车声声。人的适应性还是蛮强的。头天晚上，孩子他爸和我双双被吵得大眼瞪天花板；第二天晚上，我们全都睡了个深深的觉。再往下，那摩托车就对我们没有干扰了。

接下来搬进“草原小屋”——有着宽大后院的一个小木头房子——呀，车声没有了，代之的是每日清晨的鸟鸣声声。那时还没有多少栽花种草的条件心境，也由于不是自己的房子，种东西不方便，就只是欣赏房东自己栽的几棵玫瑰。

孩子快两岁时，买了自己这辈子的第一栋房子，一直住到今天。虽然现在看来，这是一栋极普通的，显得有些老旧过时的房子，三房一个半浴，当时看房子时，已经觉得是好得不得了的住处，是一种提前享受。

家后院有枇杷，有橘子，有柠檬。前院，我历年来种了不少花卉，除了玫瑰，菊花和日春花，我都叫不出名来。由于没有自动喷水系统，每个周末浇花都花去我不少时间。

我最喜欢的是那棵黄玫瑰，它的花大大的，没有断过，生命力非常的旺盛和顽强。

那天周末我去后院浇水，眼前忽也一派洁白：上星期还没见的白色喇叭花，这会儿全开了放！挺挺的，花瓣既洁白又有厚度，在风中微微摇曳，似乎在向我这个“园丁”致意问好。

心里好不春风！

后院的那棵柠檬，是棵高产量的果树。每年季节一到，花满枝头，坠果布院。我不喜欢看见大自然的恩赐被浪费掉，每次都要把满院的柠檬拣起来，拿给邻居的 BABY SITTER（保姆），她用来做大量的柠檬汁。还有就是拿一些到公司分给员工们，他们可喜欢了。

说到果树，街那头的人家门前有棵果树，结的果我叫不出名称，总之是在国内时没见过，这边商店也没得买的果，我和孩子们就称它叫：“果果”。买不到，孩子们还偏偏就喜欢那果。偷偷拣了几次后，我就和果树的主人商量，问掉到地上的果能不能拣，他们说：尽管拣！在他们那儿没销路，每个礼拜都是倒垃圾桶的份。

每次拣完果回家，切给孩子们吃，我自己也非常喜欢那果的味道。它像极了我小时候爬树上去吃的一种青果。大人孩子在一起，呼呼地享受“野味”，好不惬意！

每周匆匆，在工作和家之间奔忙，似乎无暇做更多的梦，特别是那些打工族做不起的豪宅梦；但是有这花，这果，这树……有这家，已经是幸福的梦想成真。

当然，自己喜欢读啊写的，的确希望自己能有个书房；书架上放满了各式书籍；各种小摆设，包括可爱的小小的 DOLL（娃娃），点缀其间……

也许有一天……

就在这个房子里，两个孩子长大了，他们对这个房子这个家有着无比深厚的依恋和感情；我们也是。

我们的梦，也慢慢地移到了孩子们的身上。

大雨滂沱回家路

那一个长周末假期的前一天，冬季风暴到，透过公司的落地玻璃门，能看到外面水雾蒙蒙。

要是平时，我肯定提早回家了，刚好赶上工程截止日，就多待了一阵。等到我开着湿漉漉的车上了五号高速公路时，整个路都堵满了。

我给家里打了电话，说今晚要晚。

好不容易走出五号，进入 210，天就渐渐拉黑了。

人说下雨时候高速路上是中间的 LANE 比较高，水比较少。但是转弯的时候就是外线水比较少。我想随时换线来的，只是天太黑，视线太模糊，算了，还是别轻举妄动吧。

可是你看，还是有人在加速，在换道，在超车。不过，走到那处平时许多人竞相“加塞”处，今天，没有人“加塞”。恶劣的天气和路况，使开车人们更加意识到打工都不容易；大家都归心似箭。

210 北端，车辆比较少，车速快，即便在黑夜的雨中车速也不例外。而我，大概是雨刷子老化，刷不清车窗，加上瓢泼大雨，车灯晃眼，我几乎看不清路在何方。是熟路，所以完全凭着感觉走。

从一辆大卡车边经过，哇，简直像从水帘洞里钻出来一样；有车从我身边过，云腾雾罩的让我眼花缭乱。

突然，车身剧烈摇晃了一下，方向盘几乎失去控制。原来是车轮撞上路上的大片积水了。我本来就有点晕车，撞了几回积水后，头真有些晕眩了。

雨还是那么大，风过时，我的车会抖三抖。

雨刷子的声音在前窗上吱吱响，我觉得有点支持不下去，从生理到心理。怎么办，把车停路边歇会儿吧？不行，一停下来，就更走不动了。

今晚能开到家吗？心里有些慌起来。

我启动了前后车窗的除雾系统。我双手抓着方向盘，眼睛死死盯着前方。

整个世界就是一个昏黑的、风雨缥缈的、无休无止、无边无际的还有些单调的茫茫风雨和炫眼灯光的世界。

开着开着，也不知从哪个路段起，雨就变小了，车窗也清晰了许多。

摇摇晃晃的一个小时四十分钟的风雨颠簸路，我从高速上下来了。

一只手从方向盘上轻轻落了下来……

突然记起有一回，他爸和我一起在书房里做事。我正聚精会神查着资料，就听一边的他不住地笑。

他爸极少这样的。实在好奇，于是我走了过去。

"什么东西这么好笑？"我问。

"这女人开车，怎么这么恐怖啊！"他说。原来他在网上看一个有关女人开车笨拙加闯祸的幽默节目，全是实景实拍。

其中有一段是：停车场拥挤，车位一席难得。一个女子想倒泊车，结果近二十个来回都没能停进去。被她挡在后头的男子不耐烦了，出来敲女子的车窗示意她出来。男子进了车，只一个动作车便停妥了。

"你这才知道呀？"我问，"我开车这么久，从来没有倒泊过车，不敢。"

想到这里，我不禁笑了起来，一边开着车一边乐。

回到家里，我诉苦说："这是我开过的最难的一次车。"

没人吱声，没人同情！

只见他爸出去了，不一会儿又回来了。一回来就到门外去不知干什么。

"你干吗呢？"我问。

"给你的车换雨刷子。"

"不用换！还能用。"我说。

"雨刷子一般三四年就得换一次，你这车都多少年了？"

快七年了，怪不得！

几天后准备重新上路回公司。真不巧，又赶上另一波寒流，又是一个大雨天！

我顶着雨把好几包衣物什么的送上车去。他爸撑着一把伞出来了。

“你怎么不叫我一声？女金刚不怕雨淋？”

不用雨伞，是刚来加州时加州干燥养成的习惯。如今天气是有些不同了，但是即使下雨了，和雨接触的机会也就是从车门到房门那么一小段距离。

虽然没有用他爸递过来的雨伞，他的心我却深领了。

这回是白天开雨路，比夜间雨路还是容易了许多。开着开着，想起了在东部的时候那个菲律宾小女孩的话：她想四十岁就退休；又想起了前不久接到的社会安全保险金的单子，这年头，六十七岁才言退休！

没关系吧，随它去吧。出了五号公路，迎面看见的是皑皑的雪山！天放晴了。

我要在美国开中国文化图书中心

写到书店，就必须写我身在美国心做中国梦的那段心路和实践。

虽说来美国时，身上只带五十个美金，却在潜意识的深处带了满腹的“中国梦”，更具体点老实点说，就是让中国文化蜚声美国的梦。

来美之前，我在一家很特别的教中文的学院工作过。说它特别，因为它的学生来自世界五湖四海。虽然那时的中文热还没有现在这般热烙，但是已经很有苗头了。我的印象，那时来学中文的有相当大的一部分是基于对中国文化的喜爱或兴趣，这些学生基本都是自费来华的。我有个很好的朋友，她有位学生有中国血统，想接触中文和中国文化，于是年纪轻轻的就自费来中国做短期中文进修。就在那短期里，他爱上了我这位朋友，他当时的老师。很快他们便成就了一段美好姻缘。

虽然在学院里我说不上是一个很出色的中文老师，但是心里很喜欢这份工作，因为它很有意义。隐约觉得自己像在做一种文化桥梁的工：能传播自己民族的文化是很荣耀的事情。

一直熏陶于陶醉于中国文化的我，带着这份工作和文化的背景，来到了美国。

我从 DD 家出来后，经朋友介绍，曾在一家台湾人办的中文学校当过秘书。这是我第一次接触海外儿童中文学校。当时中文学校没现在这么多，感觉校长有很高的文化抱负。她资金雄厚，我真是羡慕她有这份资金施展自己的抱负，实现自己的梦。

我的中国文化梦在我打工的那家中国城书店里得到了切实的发展。

书店小小陈旧的店面挤满了书架。我们当时有个特别的英文图书部，上面全是英文写的有关中国文化方方面面的书。就是这么一块极小的地方，吸引了许多的美国读者。总有美国人来买有关中国文化的书，其中佛教、中医、中文是重点。

有一次坐在门市上，突然就出神地“想入”了“非非”。我要办一个中国文化图书中心！心里还出现了一幅蓝图，中心应该是什么样的：从周口店，到北京的天坛；从农耕、周易，到中国的哲学、文学、艺术、建筑、医学、气功、武术：从农耕，孔孟，到中国历代民族英雄，到近代中国的思潮……中心里要不断地播放“梅花三弄”等古曲和中国的大好山川，风土人物，包括民宅在内的各式建筑传，传统京剧舞蹈……

不久以后，我“梦想成真”，开了我自己的书店。谋生是其表面的意向，深层却是我那不灭的中国文化意识：中国文化太恢宏美好，而世界上还是太少的人知道，更不用说理解。文化梦像一锅热水，爱国则是她底下的柴火。

店面里几乎一切设施都是从前身的录影带店继承过来的，只有一些不算太旧的架子，没有播放电影的设备，没有立体音响，没有周口店模型，没有……

书店生意非常的艰难。我不知道应该把它归因于命运还是什么。自己，一个打工仔，能有什么大资本呢？我才知道，包括“文化中心”在内的貌似清高的上层建筑，没有经济基础是不灵的。

在书店开张的最初几个月，为了维持最基本的收支平衡，为了生存下去，我就利用开店前的一个半钟头，教起中文来。

我的中文辅导生涯

要说个人辅导中文，早在国内那会就开始了。

我辅导的第一位学生是个加拿大女外交官，名叫 Cecilia，一米八几的个儿。她住大使馆，每个礼拜她来我宿舍一次，跟我学中文。

有一个周末，她问我要不要去一座桥，她很费劲地形容了半天，我才知道她指的是卢沟桥。说来有趣，我在北京多年，从来没去过卢沟桥。却是因了她，才去了这座中国现代史上的名桥。在桥上，虽然面对客人满脸笑容，心里却十分不平静。想着日本国强劲的枪声如何划破了中国萎靡的天空。

Cecilia 和我成了相当要好的朋友。让我心痛到如今的是，我临出国时匆忙中忘了打电话告诉她。登机了才想起来，当时恨不得插上翅膀飞回去告诉她。

尽管我打听了好多次，我和我的加拿大外交官朋友还是就这么从此失去了联系。

我第二次辅导中文是来美以后的事了。那是在书店打工时遇见的一位美国小伙子，叫 Frank。Frank 大学都没上，却对中国文化情有独钟。他常到中国城去看广东话电影。他非常喜欢香港电影的那种幽默。虽然听不懂，却能笑得很开心。你别说，我后来发现香港电影真敢幽默，还是 Frank 给启的蒙。

我教了他大概几个月（每周一个半小时）。后来，他便带着我教给他的那点中文本事去了中国，不久带回来一位中国姑娘，还自豪地给我看了他在长城照的照片。去中国几个月，他的口语可是旧貌变新颜！

第三个学生就是在我自己开书店之后，是位越南华侨，曾是美国宇航局工程师。他用很吃力的中文告诉我他多么地遗憾自己中文没学好。辅导课之前，他常常都会自言自语般地诉说他儿时在国内的情形，令我十分感动。

接下来又招了两位小学生。他们的父母做茶叶生意，是一家知名茶叶公司的老板,人非常好,生意非常兴旺,住的是南加一流的住宅区。他们想让孩子从小学中文，懂一点中国文化。两个孩子很乖，学得蛮快，却没有显示出什么特别的兴趣。是不是，都要等到年纪大了，才会有寻根的意愿?

我要感谢自己在北京的那段教学经验，真是让我受益无穷。否则，教都不知如何教起。教第二语言，是一门很专门的学问。一般将它归入应用语言学的范畴。前不久我大学的老师来探望我们，他说，现在应用语言学的发展相当的迅猛，理论语言学却相对地冷落了。

开书店时，有位中文学校的校长常来跟我买书，问我要不要去她那里任教。我实在是腾不出时间，就谢绝了。事实上后来我停掉了所有的中文辅导，因为书店事务越来越繁忙。

我开的第二家店经营儿童教育物品，图书文具、教育玩具等。就在那期间我接触了许多美国文化的东西。我当时还希望能靠它赚些钱，迂回地走回我的中国文化中心梦。可惜，那家店是个完全的失败。现在想起来，大概古朴时代的玩具抵不过越来越具有魔力的电子玩具是其中的原因之一。这家店的失败使我最终不得不放弃一切开店 / 文化中心的念头，进而去学谋生的一技之长。电脑就是这样开始学的。

现在，我又开始了中文辅导，学生就是我的两个孩子。尽管孩子们还小，不懂根的可亲，不懂源的力量，我坚信有一天，他们会理解“千里之行始于足下”的道理；会懂得，再辉煌的人生，再宏伟的事业，都可以也应该在生命的历代相承的链接里，在生命的原初线上，找到感恩的点，找到原因，找到命运的答案。

后注：

百尝美国梦系列始写于 2006 年 6 月，一路修改整理，这是 2012 年修整稿。

梦，其实不分大小，为她征战的过程是令人怀念的。因为当你关山从头越的时候，会有一种感觉：感恩的，奋发的，安慰的，幸福的……

梦，其实还没有结束，因为我，仍然在为她征战着。不仅仅为自己，不仅仅为孩子们，甚至不仅仅为这个家……

第二辑

叙事抒情：情和梦

天涯之桑

在丝提芬森住了这么久了，我居然就没有出去走过一回。今天傍晚，厌倦于电视剧的无聊，也是因为一段日子来没有什么机会和绿色的空气接触，于是就决定出去走走。

丝提芬森其实是在山坡的起伏中开出来的城市。从我的住宿地往纵深处走大约五十米，就被一座小山丘挡住了路。我站在小山丘脚下，才发现这一带有许多野生的小兔子，淡灰色的毛，天然可爱。我转身朝另一个方向去，拐了个弯，路就径直往上。路的两边绵延着野花，其中有一种粉色的花，薄薄的一层，在绿叶扶持下亭亭玉立，随风摇曳，像画家笔下朦胧的意识流，装点着蜿蜒向上的公路。

又转过一个弯，我惊奇地发现了一株花满枝头的植物，我在什么地方见过这种植物？记忆很快回到从前，回到我九岁时的家园。我们的那栋典型的闽南风格的房子大门外，就有这样一棵植物，人们称它为夹竹桃。长长的柳状叶，花朵互相簇拥着，争奇斗艳。大概是因为夹竹桃的花太诱人了，大人们特意叮嘱我们，不要去碰那夹竹桃花，别看它们那么美丽，它们可是有毒的！我的那种美丽中隐藏着危险的警觉和概念，就是从夹竹桃那里来的。

夹竹桃，和我分别了这么久、这么久了！想起它的毒性，竟成了一种别样的精神享受。

惊喜一个接着一个迎面而来：夹竹桃的旁边，是一棵棵桑树。我想起来了，小时候养蚕，每天都要去采桑叶来喂那些蚕儿。那些小东西们吃起叶子来可快了，一片叶子，一会儿的工夫就剩下几根青丝……

我对故园的思念，对童年的眷恋，那面对遥远的一切油然而生的淡淡哀伤，一下子全都被这夹竹桃和这桑叶勾了起来。我在那里伫立了好久好久。

虽然边上不时有车辆轰隆而过，我却只听见鸟儿鸣叫声声。两句诗语突然涌上心田：天涯有桑叶，回眸见桃花。看着那桑叶，真想伸手去摸一摸。不过我没有这样做。我只是脉脉含情看着它；看着它，就能让我闻到孩提时代的蚕香，重见故园田野边上祥和的炊烟。

当人面对初衷的时候，也是特别容易“看破红尘”的时候。童年和家乡，总代表着一个人一生中最亲切、纯朴、真诚和恒定的一切。除了故乡，一切都是漂泊；除了爱和祥和，一切都是红尘里的过眼云烟。

怀揣生命的初衷，让一个人可以把故乡的情思绵延伸展到地球的尽头。这不经意中和生命深层记忆的相逢，让我在天涯，也能体验到那份恒静和安详。

（《世界日报》副刊，2009 年 7 月 4 日；2011 年全国散文作家论坛征文一等奖）

母亲手记：我的儿子叫自然

自然是我大儿子的名字。这是他爸爸给他起的名字。他爸爸之所以给他起这个名字，是因为他看我身体瘦弱，不知能否母子平安地生下这孩子。他许愿要这孩子自自然然地生自自然然地长。他说自然是个吉祥的名字。

自然出生后的几秒钟内，这个世界是静寂的、窒息的。由于在母亲腹中滞留时间长了一点，他有些缺氧，脸色发紫；他没有如期待中的那样呱呱而哭。

他来到这个人世之前，母亲憋下了她平生最长的，最深的，最强有力的一口气。

几秒钟后，我们听到了他带有点委屈的却是柔和的哭声。

他爸爸激动得差点没落泪。

自然出生时的体重是八磅又十二盎司。感谢神，让我能够给孩子一个健康的身体，让我能够哺养他。

我们带着自然第一次回自己家的时候，天下着蒙蒙雨——洒不完的甜蜜。他爸爸生起了炉火。那时候，我们有个温馨的绿色的小房子，他爸爸称它为草原小屋。

自然到家的一个星期内，有天晚上他不知为何哭得特别厉害。我要去抱，他爸不让。我说孩子这么幼小嫩弱，你就忍心这样让他哭？他爸说你去抱，我们就离婚。

他爸爸是想培养他一觉到天亮的习惯。

那天晚上，自然哭，我也哭。哭了半个晚上还多。从那天晚上起，自然每晚真的就是一觉到天亮，不哭，也不闹。

后来每想这个事，就会觉得他爸爸当时太残忍。就算婴儿来到世上是用哭声表达索取，那又有什么呢？婴儿，本身就意味着需要帮助啊！

自然不哭了，大概是因为他最初的、稚幼的神经已经反射到外界的强硬，已经感知到呼求无用;或是因为…… “自然,就是这么乖的一个孩子。”他爸爸回忆着说。

说来我心疼，自然童年时代，乃至婴儿时代哭的次数，大概屈指可数。连照顾他的万阿姨都心疼。有一回，自然在一个落地小围床里，万阿姨在忙，我也在忙。他一个人在里面呢呢喃喃，连哭带哼地期盼着出来和大人玩。我看他几次试图“夺墙而出”均未果。我想去抱他，不料万阿姨也不让。最后阿姨忙完了，抱起自然，又是搂又是亲，又是喂好吃的，自然还是那样，委屈地哼哼了几声，很快平静，最后咯咯而乐。

万阿姨和她先生好喜欢自然。他们就住在我们家街对面。他们只有一个女儿，没有儿子。他们几乎就是把自然当作自己的儿子。他们的女儿是自然的好姐姐。

自然有福气，有这么好的万家疼爱他。

从我坐月子到自然三个月大，爸爸照顾他无微不至。给他洗澡，换尿片……白天爸爸去上班，傍晚准点就回来。回来就抱起自然乐。三个月的时候，爸爸去出差，一连去了七八天。等爸爸回来的时候，自然眼睛盯着爸爸看了好久，他没有像平常那样咧嘴开喜，反而是张嘴大悲。

“自然，是我呀！我是爸爸呀！你不认得爸爸了？”爸爸搂着他，眼睛潮湿了。这一幕，被我清楚地拍进了照片。我想孩子是委屈了。孩子是用哭声在问爸爸：为什么你突然消失了这么久？过了一会儿，等我再进房间的时候，只见爸爸斜躺床上，嘴里哼着他自己编的小调；小自然乖乖地、静静地趴在爸爸的胸口上。好一幅宁静幸福的父子图!

孩子还没出生以前，他爸爸和我约法三章:绝对不许娇惯孩子。孩子出生以后，这个世界变了样。自然的生命里，不知凝聚了多少父亲的深情挚爱；他恨不得把自己全部的生命都给孩子。我知道,娇惯和爱不是一回事,可有时候,真的是难分难解。

自然四个月就长出两颗小门牙。十一个月就会踉跄行走。我至今仍记得他爬行时不知疲倦的执着样；我至今仍记得他第一次摇摇晃晃的踱步和他脸上的惊喜。

妈妈记得他的每一个脚印。

自然周岁生日的时候，我们让他抓东西。自然没有要他平时好奇喜欢的爸爸的手表，而是抓住了一串钥匙。朋友说，自然将来肯定是当官的。

我不知道，我只知道我儿子的天性里一点“官”的东西都没有。

三岁的时候，自然长就了一付银铃般的嗓音。有一次，朋友老梁来坐，问孩子：

自然，长大了做什么呀？

就在这三岁孩子面对长大以后做什么的问题犹豫片刻的当间，爸爸替他回答了：当总统！于是自然就用他那悦耳的、咬字还不是很清楚的话跟着说：当懂统。周围的人被惹得大笑。

后来每次老梁来都会问孩子将来要做什么，为的是再次欣赏自然那稚气的童音孩语。而自然也每次都没有例外地回答：当懂统。

我深知，那只是学语，孩子心里大概只觉得“懂统”是个有趣的好玩差事。自然的性格里，有如他阳光般的笑容和清亮的嗓音那样，没有丝毫阴影昏暗，没有丝毫忧郁。作为母亲，自然的那份欢乐和单纯，是我心底的珍藏，是我想尽力去保护的美好。

自然的阳光性格贯穿了他的整个幼年和童年。人的一辈子哭得最多的应该是幼年，而自然幼年就很少哭，到了童年更是这样；就连摔断了手他都有泪不轻弹。那是大概六岁的时候，他和邻居两个女孩玩耍玩得过了火，重重摔到了地上。我们也不知道发生了什么事，只见他被两个女孩搀扶着回了家，脸上红红的，好像哭过。问他痛不痛，他说了声不太痛，一头躺床上便睡着了。

刚好朋友来，问自然怎么摔的？会不会骨折？我们说不会吧，骨折还能睡得着？朋友大叫：你们真够行的，还不快带孩子去检查？！

检查的结果让我们大吃一惊，自然摔裂了手骨！要是自然大哭大闹大喊痛，我们也不会由着他睡啊！自然是个很能忍痛的人，他几乎没有用过“很痛”这个词。

事情总是辩证的。快乐，单纯，大概就会缺少大人所谓的雄心壮志；一旦有了雄心壮志，人也就很难再无忧无虑。从四岁到十一二岁的成长过程里，自然没有力争上游的喜好。他喜欢自由自在轻松快活地过他的时光，不想当什么第一第二的，他没有那概念。有时实在给问急了，他就含糊地伸出食指和中指来，示意他当个第二、第三就好了。

我心里常常矛盾。一方面我希望孩子成为班上最优秀的学生，将来成为最优秀的人才；可另一方面我深知这目标意味着孩子要牺牲多少，其中最宝贵的，大概就是童年的欢乐和生命的轻松。

尽管我也抓住机会勉励督促孩子要刻苦努力，但是时常半途放弃，因为我不想让他有压力，我喜欢看他无忧无虑笑着的样子。自然的笑，从来都是灿烂的；那笑本身，就是母亲的欢乐、安慰和骄傲。

然而事实证明自然有着许多天分，学起东西来又快又好。他房间的架子上摆着几十座奖杯，其中有乐队指挥，有网球，有演讲，甚至还有国际象棋奖杯！

后来我意识到，人生本来就不轻松不自由，不管你做什么行业。既然如此，何不鼓励支持孩子力争上游，树立起理想抱负和责任感。同样是爱，也许让孩子去经受锤炼、艰难和挑战，去夺取成功，是更深的一种爱？

在一个大雨天里，自然请我们给他买了他童年阶段的最后一个玩具：一个本事很大的机器人。

世界上有许多孩子过早地结束了童年，甚至没有过快乐的童年。我常常回味自然的童年，欣慰他有父母的呵护，他的童年是正常、健康的。我相信，一个正常健全的童年，会替一个人将来的奋斗蓄下深厚的能量。

力挽稚童年华，这一点自然没有他弟弟明显，但是那个阶段里他也每每在我跟前做做鬼脸撒撒娇。凭着直觉，我知道他心里眷恋他那仍触手可摸的童年岁月。

长大是每个孩子的必然。自然长大了，长到了所谓的“麻烦十三岁后少年期”。这种转变是那样的明显和突然，以至我一下子无法适应。自然一过十三岁的生日，似乎就变了一个孩子，不，变了一个人：他不再是以前那个乖巧顺服的、一门心思仰赖我们的那个甜甜的男孩子。他变得沉默、不驯。他房间的门经常都关着并锁着，门口贴着“请勿打扰”的字样。他经常反驳，他不再心甘情愿照着我们的话去做事。特别让我无法接受的，是不少次他做事伤我的心。有一次我请他给我弹一首我非常喜欢的曲子，我实在是太爱听那首曲子了，他不乐意，我多请求了一次，他竟发起脾气来。最后我也发了脾气，于是自然回敬说：“我永远不会再弹那首曲！”

那是一次很深的记忆和伤痛，那一刻里，我认不出我的自然来了。

只有到了这个时候，我才猛地记起了自己少年时忤逆深爱自己的奶奶的那些事；才体会到当时奶奶是怎么样一种感受 ——奶奶为了照顾我们兄妹三人，可是把腰都累弯了啊！

记得自然长大的过程中，经历了两次地震。第一次是自然在我腹中四个月的时候。凌晨，地突然就晃了起来。我惊醒以后马上跑到了门外。看着天边呼啸着的蓝光，我摸了摸自己的腹部，祈祷这一切不会吓到我的孩子。第二次是自然三岁的时候。地震来了，我来不及跑得更远，只能马上拉着自然躲到梳妆台底下，用自己的身体紧紧遮挡着他。假如地震发生在另一个时空，在老家，在小时候，奶奶所做也会是一样的。母爱没有什么特异，然而世界上往往是普通的情感蕴藏着伟大。母爱代表了世间上辈人对下辈人的天然职责感、呵护和爱。父爱和母爱本性上是一样的，不同的只是形式。推而广之，自然小时候的保姆万阿姨对自然的爱也是母爱的一种。万阿姨爱自然，并不指望自然将来回报她什么。母爱，是宽厚的，忍耐的，也是不计回报的。

虽然记得那些次的吵架，但是爱，依然。

自然从踉跄学步到离家两周，独自飞往美东参加全国演讲比赛；从咬字不清的“懂统”年代，到跨进十八岁的今天，他的房间已被数不清的奖杯、奖牌、奖状布满。曾几何时，我还在为送自然出门时忘了道声“一路平安”而不安，而今，自然已经在全美高中生演讲名单上名列前茅，在他关心的美国事务和国际关系议题上夺得了演讲比赛的优异成绩。看着自然在田纳西的比赛录像，那么精神抖擞，反应那么敏捷，时而还风趣一句，微笑一下，我真的不敢相信这就是我的儿子自然。我的心似乎总出机械或生理故障，似乎无法接受一个成熟的、独立的自然；那个天真烂漫、憨态可掬的小宝贝形象总是那样的活灵活现。

然而，小鸟要飞，树儿要挺，花儿要开，孩子要成长，这都是无可抗拒的自然规律。自然，真的是长大了；他在父母几乎是无微不至的照料和养育下长大了。

那天，一家人照例围着那张简易饭桌吃饭。自然说上大学时他想自己驾车一路旅游着去学校；他还说：等我离开家了，爸爸妈妈就再也不用那么辛苦照顾我，给我做好吃的了。

我一听心里就难受了起来，心里真的不舍得孩子离家。“孩子，不麻烦。”我说。“你该知道的，妈妈愿意一直陪伴你，照顾你。”

自然看着我，说：“我懂，妈妈。你说过，在妈妈眼里我永远是个孩子。”我看着他那双和母亲极像的眼睛，琢磨着他懂得多少他那一切成功的背后父母的心血和父母对他深厚的爱。

其实自然懂得多少父爱母爱此时并不那么重要，也无法苛求。人总是要到自己为人父母时才会真正体会到父爱母爱竟为何物。当年爷爷奶奶起早摸黑为我做的顿顿饭香，到了今天才让我深深回味和感动；上一辈人不计回报的付出，使得人类的下一代能够健康幸福地成长，使得人类亲情能够一代一代浓浓烈烈地传下去。

自然是妈妈心头的乖儿子，阳光男孩，永远都是；母亲的祝福，将永远伴随着他。

（发表于《中国女性文化》，2011年第1期，总第14期；另，中国网 china.com 刊载）

几个月大的自然在妈妈怀里

自然首次尝到乐队领队冠军的滋味

毕业曲的终端

6 月 9 号，我工程做到一半，在老板和同事们的齐声催促下，我匆匆驾车上了南下回家的高速公路。这一天，是我大儿子自然的高中毕业典礼日。

赶到会场，我抢到了第一排，为的是能和自然互相看到对方的脸，听到对方的声音。学校乐队可爱的学生们正吹着毕业庆典曲，一遍又一遍，直到所有的毕业生都整齐地站在了台上为止。看着小音乐家们额上的汗珠，我联想到几年以后，他们也要站在那台上，别的孩子们也会为他们演奏同样的歌，同样的曲……

庆典场外，我见到了和儿子从小一起长大的许多学生。他们曾经那么小，我记得他们无忧的笑声和轻盈的身影。此时，他们一个个都比我高出一个头，文质彬彬，非常有礼貌地和我握手问好。

尽管和儿子有过两代人之间的摩擦，整个庆典前后，我都情绪激昂，就像在场的所有家长和亲朋好友们那样，我频频为自然鼓掌热喊，为他取得的成就而欢欣，为他前方的挑战而兴奋。

这一天，在改变了所有高中毕业生的同时，也注定要改变我。

两天后，自然奔赴德克萨斯州，参加全美高中生演讲比赛。自然曾经获得全美高中生演讲比赛的第八名，邀请赛的第四名，全加州比赛的第二名。这是自然高中生涯的最后一场演讲比赛。自然上车前，我拥抱他，亲着他，就像他孩提的时候那样。

送走了自然后，我照例到超级市场去买全家一周用的东西。自然要出去一个星期，牛奶不用买，果汁也不用买……水果部有桃子，属猴子的自然最爱吃了；饮料部还摆着 FUZE 牌的许多饮品，自然最喜欢健白茶，可惜他们不怎么生产健白茶了，我跑了好多地方都没有找到。在市场里推车走着，走着，一种空的感觉油然而生。推车里也是空的，我什么都没有买。

我这才意识到，这么多年来，我买东西的心思，全在孩子们身上。他们小的时候，我每次去商场都要记得逛玩具部，去看看有什么可以买来给他们玩的。记得我买过两件玩具，别说他们，连我自己都喜欢。一个是大城堡，另一个是海军基地。我之所以喜欢这两件玩具，是因为它们不是呆板一块，它们有组件，能训练孩子的智力和想象力；还有，组成以后，它们都构成了一种意境。

后来开始给他们买书本，从漫画，到歌谣，到故事、诗歌、画册、历史、传记……一直到信仰读物，我都搜罗来给他们看。

而此时，一切竟是这样的空，从购物车到心里。

空，慢慢变成了实，我的心里实实在在地被一种伤感所占据。多年来，由于一直在外工作，我失去了多少和孩子们在一起的快活时光。尽管每次周末回家我都会抓住机会和他们聊天，和他们一起做事，然而跨入了少年时代的自然，很快地不再喜欢我在边上絮叨，他更喜欢自己独处。一位朋友告诉我，他的女儿满屋子贴满了纸片，上面写着：我要自由。高中毕业后，女孩选择了离家最远的大学上。虽然我的自然还不至于那么极端，但是我读得出他的心思，他也想远走高飞，一来锻炼自己，二来体验世界，三来他也向往自主的日子。

可是我，我还远远没有和儿子处够；我是多么希望儿子的大学就在家的隔壁……

在超市的大庭广众里，眼泪悄悄在我眼里转。商店里放着轻柔的音乐，在我模糊的视线里，渐渐出现了另一番光景。我看到车窗外飘泼的雨，如何变成了鹅毛雪——那是我们一家去太皓湖的路上。那一夜，我们宿在一间古朴的、雕刻着松树和小鹿的木头房子里。第二天打开窗帘：茫茫银色外，是蓝得发黑，仿佛世界初始点的太皓湖水。从小在阳光加州长大的大儿自然和小儿而然，早就对雪的天地无比向往。那天他们在雪地林间玩了一天，湖上夕阳绚丽时分，浑身是胆和能量的自然还在外头恋冰打雪仗；而然幼小，只好乖乖坐在“雪橇”——一个大圆盘上被父亲拉着回了房子。

孩子们对雪的钟爱，领着我们全家到了美西的另一好去处：优山美地。优山美地冰天雪地的冬季里，长成少年的大儿更是雄心勃勃想学滑雪，征服雪岭。自然从小到大，我能数得出他哭过几回，却数不出他伤过几次。都说男孩长大的过程中没有不跌伤腿摔断手的，自然大概两样都有。还好，在太皓湖冰上和那一次的优山美地滑雪场上，自然虽然跟斗连连，却无大碍。

转眼到了青葱夏季，我们二度来到优山美地时，冰雪尽消，松鼠欢跃。我们一家人爬山登顶，路上碰到了鹿的一家。我清楚地看到自然站在一只小鹿前面大约三米处，和它对视了三四几分钟。人间一家子和“鹿间”一家子的际遇，情趣盎然。

不到峡谷非好汉。我们去到犹他州白雪皑皑的红石峡谷，目睹了三千米高崖“红装素裹”的奇妙景观。从犹他州我们直奔大峡谷，站在峡谷上远眺科罗拉多河。这条源自落基山脉融雪，劈开无数坚硬山岩，养育了美西大片土地的河，已然成为一抹蜿蜒的绿色丝带 。夜幕下的大峡谷，浑厚而神秘。我问自然：想要照亮这整个峡谷，拿全人类的发电站来供电恐怕都不够。自然笑了笑，说：总有办法。

后来我们全家又一起掠浪大熊湖。那一次在船上，两个孩子都笑我：妈妈，你胆子有够小……

推着购物车陷入遐思的我，差一点没撞上一位老伯。老伯没有怪我，只露出了一丝隐隐的笑。他看上去有七十多了，拎着一个购物篮（商店里都设有购物篮，给少量购物的客人用），里面除了几根香蕉，什么也没有。我看着老伯，他的孩子们应该都有工作了，他养儿育女的责任都完成了吧，子女们大概都在远方吧……老伯默默地从我身边走过。我回过头去，突然觉得自已也是个七十多岁的人，我明白老伯那简朴的穿着和沉静的目光的所有涵义，我和老人们之间，那一瞬里没有了距离。

我还在出神地看着老伯的背影，身边突然响起一个稚嫩的声音：“你好！”定睛一看，是个五岁左右的小女孩。小女孩金色的头发上扎着粉色蝴蝶结，清澈的眼睛凝视着我，像个美丽的小天使。我心头一阵暖，眼前一闪光，有些潮湿的眼睛对着她笑了起来。“你好！”我柔声回应。

回到家里，把买来的寥寥几样日用品收好了以后，我重温两天前拍下的照片，耳边响起了高中生们意气风发的发言。高中毕业对学生们来说，是人生一个阶段的结束和另一个阶段的开始。对作为母亲的我来说，又何尝不是？记得自然幼时，有一天，非常爱他的万阿姨一家给他换上宽敞的衣裳，带他到了街心公园。在绿茵茵的草地上，万阿姨让才几个月大的自然俯卧在地上，使劲跟他说：“小自然，飞，飞！”小自然真的就用小肚皮撑着地，然后翘起后腿，张开小小的双臂，在万阿姨一家的喝彩声中，一边做着飞翔状，一边乐得合不拢嘴……

十八年弹指间，我的自然真的要飞了，要飞得那么高，那么远，一路伴他左右的妈妈，恐怕是再也跟不上了。妈妈将转入她人生的另一个阶段，没有自然在身边的阶段。不再为自然买东西的岁月，会是多么寂寞的岁月啊……

就在我黯然神伤的那一刻，今年母亲节前夕自然非常认真地手写给我的一首憨憨的中文诗突然一字一句地浮现在我眼前：

妈妈你很美
没有女生跟你比
儿子也很帅

妈妈饭很好
吃得大家都很饱
你饭不会老

妈妈别担心
我永远不离开你
我一定回来

字体有些不匀，语句不甚规范，却是多年前我手把手教的。刹那间，我的心海波澜不惊，仿佛处在太皓湖宁静安详的湖畔。我又感到一种庄严，仿佛直面优山美地陡直的冰峰。随着儿子的毕业曲终，我也完成了人生的一门功课。面对未来，或许没有孩子们那么激情澎湃，却有如穿越了峡谷以后的科罗拉多河，爱意绵延，深情沉潜，总有远方的牵连，总有归心的期盼，总有暖暖的，过去、未来和现时的会聚点。

（《星光》2012 年第 1 期）

骊歌吉韵

第一次接触李叔同的《送别》是看电影《城南旧事》的时候。那首歌，以它悠扬却略带悲伤的歌词和曲韵，幽幽的，像软质针尖一般刺穿我的心房。第一次读到的直接和自己相关的骊歌，是二十年前我跨洋出国之际，母亲写给我的这首 :《给女儿——写在女儿赴美前夕》

我想唱给你一支快乐的歌

可我不能——

因为骊歌总是悲伤的

我该唱给你一支悲伤的歌

可我又不愿

我用一个洁白的信封

取一撮故乡的泥土

还有故园的日日春那火红的花瓣——

它常缀在你儿时的辫梢，记得吗

是奶奶用她微颤的手为你梳辫时缀上的

我用这封信　就这样

寄给你一支无字无声的歌

多少年了，我喜爱这首诗，我理解，却不切肤。这一天，我抱病观看了儿子高中生涯的最后一场演讲表演后，独自沿圣盖博大道行驶，泪盈时分，我突然深深地，深深地理解了母亲的那首骊歌。那一路，我的回忆像滚雪球一般，不是往前，而是往后滚：儿子在我怀里吱呀稚语；儿子在学走椅上颠簸纵横，随我的掌声向我咯咯地笑；儿子在王阿姨家念“人之初”，在学前班、幼稚园，最后踏上了小学路；儿子在初中担任乐队领军并获大奖；儿子上高中，参加了学校演讲队，从那一天起至今，他获得了大概四十多项奖，包括全美联赛第八名，全国精英邀请赛第四名以及近期的全加州第二名……

由于儿子演讲出色，为个人也为学校争得了空前荣耀，每年学校演讲表演都有儿子登场。历时四载，这是儿子奔赴东部上大学前的最后一场演讲表演，也是和他的父母和弟弟，他温暖的家话别前的最后一场表演。观看这场表演，除了一如既往欣赏儿子条理分明、流畅潇洒的演讲外，它增加了一份情伤，它处处提醒我：这是最后一次；儿子和父母相依偎的时候就要过去，孩子就要远走高飞！

带着点惆怅，晚饭桌上我问大儿：“你会不会觉得时间过得很快？什么时候你才被那一届高中毕业生对你的鼓励和帮助所感动，什么时候就到了你激励下一届学生的时候了。”

“是啊。”儿子回答，却显得很轻松，让我想起当年自己离开闽南奔赴京城时的情形。那时候，爷爷奶奶黯然神伤，默默无语地忧愁着从未离家半步的孙女一下子要走得那么远；爸爸妈妈虽为女儿能上全国顶级学府而欢欣，心里却也不舍。而我自己，面临一个未知的但似乎是灿烂的未来，虽然惦念着年迈的祖父母，心境更多的是激动和兴奋。儿子这会儿的心情大概也相类。人在话别时分唱骊歌，大约总是脸上带笑，心里半伤；而承受那半伤的，更多是留在家里的上辈亲人。

世间有这么多的告别和再见，告别和再见是人生无可避免的插曲甚至主曲。骊歌曲终，船儿离港，人生扬帆。伤感之外，有激动人心的挑战，有令人兴奋的前程，还有，还有甜蜜的重逢团聚，家和亲情的期盼……骊歌，不管是《送别》、《友谊地久天长》、《难忘今宵》还是我最爱的妈妈的《给女儿》……一曲骊歌，代代传递，诉说着人生的无奈和忧伤，诠释着人生的深层属性、温情和爱意。我愿她，成为一支爱韵满满的祝福曲，在友人各奔东西之前，在亲人依依不舍之际，献微笑，颂吉祥，天涯比邻，万里婵娟！

（2011年6月10号：发表于海外联合报系世界日报副刊）

（2011年10月：发表于福建晋江文学双月刊《星光》第4期）

山音风采

盛夏是洛杉矶的山火活跃季。一个特大的山林火灾正在延续着。我驱车路上，一轮殷红色的夕阳悬挂在布满林火烟灰的朦胧天边。没有了绿被的山是褐色的。它裸露着的脊梁上方还留着天的一抹蔚蓝。

车里响起了电影《风中奇缘》主题曲“风之彩”。歌中唱道：你能用所有山的嗓音歌唱吗？你能用所有风的颜色绘画吗？我听着歌，看着窗外徐徐而过的山峦，即便是烈火煎熬，依然呈现着那来自山的基底的那种厚实、凝重、温柔和安详，一阵莫名的感动，我的眼睛潮湿了。

这辈子我知道的第一座山是灵源山。这座山，有如我的故乡安海一样，鲜有人知道它；地图上找不到它的标志。我没有爬过灵源山——这是我迄今为止几大憾事之一——我一直深记着灵源山，因为它和安海这个名字连在一起，它就坐落在离家几公里外，天天在我的视线之内；因为它看上去总是那么清秀，蜿蜒沉静，含情脉脉，像是蓝天的卫士，又像是大地的挚友。难忘灵源山，还因为它是奶奶心目中的圣山。奶奶每年有一项圣举，就是步行七八公里路后爬到灵源山上去敬拜神明，为我们全家人祈祷福安。大概从六七十岁起，奶奶就年年坚持这项圣举，直到年事太高走不动了为止。有一年奶奶从灵源山回来，被一位熟人搀扶着进了家门。那位熟人告诉我们，老人爬山时摔了一跤。当时把全家人吓了一大跳。奶奶使劲给我们解忧，说什么事也没有。后来也证明奶奶还真是硬朗，那一跤硬是没有造成大碍。摔了那一跤的第二年，奶奶照常出发。我和姐姐、哥哥一样，都是奶奶一手养大。我知道奶奶的心意和心思：深爱着这个大家子并为它操劳了一生的奶奶坚信心诚则灵。

第二座让我难忘的山，应该就是泰山了。我三次爬泰山，登至它的巅峰南天门。如同中国所有名山大川，泰山一路，古迹不断。现在想起来，大致都不记得是谁在泰山上留下过手迹。然而有一群人，我至今不忘，那就是泰山挑夫。泰山南天门对问顶之人是一种挑战：它的阶梯简直就是从直耸的峭崖上凿出来的。从中天门到南天门有四千多道台阶，其中最顶端的一千六百多道陡直台阶号称天街十八盘。一路爬得气喘吁吁全身是汗的我，看着那一个个年青挑夫重担两肩挑，步履稳而健，不抬头，不斜视，径直向上。到了终点，我看着他们卸下担，接过钱，脸上露出放松以后的那种自然的由衷的微笑。我也跟着笑。有一个小伙子看了看手里的钱，抽出一张来，递回给客人，说：不用这么多。“拿着嘛！那么辛苦。”客人往回推。“那，谢谢了！”小伙子憨憨地说了一句，擦擦头上的汗。我心里热乎乎的，眼睛也是。

不久前也登了一回山，那是加利福尼亚北部美国国家公园优山美地的巨杉林区。林区入口处迎面矗立着一棵巨杉，顶天立地。粗大的金赫色躯干和绿叶形成鲜明的色彩对比。之前我看过旅游图片，还以为那树干的金赫色是夕阳光照的效果；未曾想到那就是杉躯本色。行驶于盘山路上，远眺山林有如重重叠叠的绿色长城，威严，壮秀。但是只有当你双脚着地，亲临山的怀抱，树的家园，你才会深深感受到山和树还有那依山傍树的动物们之间的亲密无间。优山美地的松树是我见过的最雄伟高大的松树。树蕾硕大，它坠地时足以摧毁没有经验的生物。优山美地的松鼠体型小巧，和硕大松蕾相比成趣。爬山路上，我看到那些小松鼠攀枝跃树的敏捷镜头和它们猛啃松子的样式：频率惊人，无坚不摧。在那里我们还见到可爱的小鹿。这些天性善良温顺的动物，见了游人并不慌张逃脱，而是从容不迫地行走寻食。有一只小鹿离我们那么近，它就站在我儿子跟前，两对无邪的眼睛对视了有一分钟之久！仿佛，仿佛在交流着环宇间共同的关切和情感。许多地方我看到一整个鹿的家庭，就像我们这一家子一样……看着山上的一草一木一生一灵，想象着开山劈水的造物者一定有着仁慈的心灵，养育保守着山上的所有生灵。“仁者爱山”四个字此时对我来说比以往具体了许多，它有着具体的深邃的画面。

优山美地的巨松让我联想到苍劲而又英姿奇伟的泰山迎客松，记起了凌晨攀顶，等观日出的情形。当那不连续的记忆景观里出现了淳朴坚韧的泰山挑夫的时候，思路就会回到奶奶和她的灵源山，我故乡的山：朴素无华，大爱无声的山；虽从未登临抚摸她的山石，一掬她的清泉，陶醉于她的花香蝶彩中，但是我知道那一切都已然在我血液里。

天下山峦，无不林木苍翠，秀水潺潺，云雾萦绕，百生依托。在我的心里，有种充满仁慈与和谐的东西将天下山脉岭峦联结了起来；千山万壑因此而安详。我真的，好爱山；我能用所有山的嗓音歌唱，用所有风的颜色绘画，因为我懂得那山音风采深处的灵魂。

中国古人早有天人合一的感悟。仁者爱山，山也爱仁者；所谓人间有爱，天地柔情。愿这份仁爱安详与这美丽的山脉一起，千秋百世，亘古恒青。

快下高速公路了，我见一队消防车，一部跟着一部开着。他们应该是刚从山上火区救火回来的。边上有人摇下车窗向他们挥手致意。高温烈火，他们真的是太辛苦了，从事的是十分危险的工作。我也摇下车窗，向他们做了个 V 字手势。

下了车，一进我那美国同屋罗米的家，她就站起来问我是不是一切都好。我说都好，笑着请她放心。我住罗米家五年了，我们就像家人一样亲。接着我的手机响了，是小儿打来的："妈妈，爸爸要你小心点，那山上的火势明天会更猛。"

"我知道了，谢谢儿子。对了，你还记得妈妈教过你的诗句吗？'野火烧不尽，春风吹又生'？""记得，妈妈。"

我欣慰地合上手机，看看窗外的棕榈和枫树，它们一动不动地静立着，从容而安详；我的心，也是……

（2010 年 10 月 13 日：发表于海外联合报系《世界日报》副刊）

（2011 年 9 月 7 日：发表于福建晋江经济报五里桥文学副刊）

（2011 年度逢时杯海内外散文大赛三等奖）

梦圆佳思地

“乡间路，带我回；去到那，我归属的地方……”

《乡间路》，是我来美后最早听到的，也是最喜爱的乡村歌曲之一。

我坐在这里：我刚买的房子——佳思地 27000 号。正对着我的，是两扇落地玻璃门。门外两旁是茂密的、略微下垂的树丛。天近黄昏，这时候树林的颜色变成了深绿色。不远的对面，可以看到起伏的山峦，和挂在天边的粉红色晚霞。

湖人和波士顿凯特人队的比赛进行到了第三回合。隔壁传来 NBA 的喧闹。我心动，打开电视，几乎台台没有信号——佳思地地处南加较偏远的山区和沙漠地带，尽管我买了座强力天线，一样无济于事。

今天天热，我今早上班前特意罐满的阳台两端的喂鸟水槽全都干了。只听几声鸟叫，再也不见鸟儿们的踪影。它们都在树林深处它们的窝里睡着了。这不，山的那头亮起了几处朦胧的银色灯光。

我曾经在一篇文章里写道：有梦，不一定有梦圆；但是有梦，一定有梦碎。而这佳思地 27000 号，却给了我这辈子少有的梦圆感。是因为它是百万豪宅吗？完全不是，它只是栋非常普通的，上班族住的 condo。

我本来并没想买房，我一门心思想继续我的寄宿生涯。际遇佳思地 27000 号并买下它，对我的个人意志来讲，完完全全是偶然。

我一住进来，便兴奋不已。我先生说：这是蜜月期，过了这劲儿，就不会有什么特别感觉了。

奇怪的是，那特殊的感觉总在。我喜欢这里的景观和气象。清晨，旭日东升，那条可以直达俄勒冈州的、美国最早的南北向公路之一：奥路，是上班族最美丽的晨计之路——驱车向前，它一下子使你精神焕发，心身愉悦。夜晚，万籁俱静，只有谁家爱犬偶尔的吠叫声，这个佳思地林区北端最后一处人间烟火地，二层楼上，是喜欢码字的人的最佳构思创作处。

房子坐落半山，一回眸，我几乎闻到了山林的味道，摸到那一片云天。屋里屋外，简单，有序，自然，朴实。

不远处有个小教堂，和儿童学前班合为一体。我去过一次，是个很传统的美国教堂。教堂里的牧师帮我点过一次煤气热水炉，我一直感恩在心。所以那次去，他叫我做什么我就做什么。教会请来了一位知名的男歌手。他和他妻子及儿子一家三口巡唱全美，以歌为生，也以歌为使命。

从教堂出来，沿着山路而下，不自觉地哼起了《乡间路》这首歌。我明白了我为什么喜欢佳思地 27000 号。它唤醒了我本性里的意识：自然朴实的一切，我和它有多么的合拍；我属于山和树，属于林间的小鸟和绿野清泉。记不清我在教会里向神祈求过多少愿，我没有祈求过佳思地 27000 号，但是有如山顶的蓝空，我心底没有丝毫阴影地相信，我的每个呼吸都真切地感到：这个质朴的住处，连同它朝东的阳台和触手可摸的树枝，它毗邻的自然公园，它的乡间路和重峦叠嶂，实在是我的奇遇，我的梦圆，因为，它来自上苍的恩赐。不论我是做饭洗衣扫地，是编程序，还是吟诗写小说，造物通过它，让我回归生命深沉恒定的宁静和喜悦。

（2010 年 8 月 11 日：发表于《世界日报》副刊）

（2010 年 8 月 12 日：刊载于中国新闻网）

故乡的木麻黄

我认识的第一朵花，是日春花。

我认识的第一棵树，是木麻黄。

木麻黄，就在我的家门口，在那个斜斜的坡上。

木麻黄，就在我上学的路两旁。

那次行军去海边，在那拍击一波波海浪的黑褐色礁石后面，在布满粗沙的海滩边上，海风呼啸而来的时候，我也看到了木麻黄，一排一排的木麻黄。

听到人们对青松的称颂，大部分的美词都给了松树。我看到松树时，发现木麻黄和松树其实长得很像，特质也相类。它们都是常青乔木，针叶，都结树蕾。当然，松针不似木麻黄针那样有骨节。木麻黄别名“接骨树”。

木麻黄，它不精致，不复杂；它很粗犷，也很简单，有如闽南老家的乡亲们那样。走了许多地方，欣赏许多树，见识许多人，才发觉闽南故乡人的性格豪爽得可爱。同时，闽南人也很耐劳，犹如那站立在风口的木麻黄一般。

小时候最喜欢玩的一个游戏叫“接骨仔”。就是把木麻黄的针叶顺关节处拆断，然后再把它细心地接回去。接回去，然后给其他小朋友猜:哪一节是被我接回去的。连接技术好的话，还真难看得出来。孩提的心里哪懂得，东西断了，它就是断了；即使表面看上去好好的，它里面是破碎了的。

到北京上大学，看到北方高大的白杨，婀娜的柳树和苍劲的槐树，我有时会纳闷为什么老家就只有木麻黄，木麻黄，还是木麻黄。可每次假期回家，火车一进入闽境，看到那迎风招展、青翠如初的木麻黄，我就亲切，欣喜：到家了！

出国了以后再回老家，我便有了深深的失落感，因为木麻黄少了，少了许多。各式时尚建筑占据了原来木麻黄耸立的地方。当年那举目可见的木麻黄，宛如一个失落了的文明渐行渐远。我怀念那个文明，我常在异乡的梦中触摸家乡木麻黄的英姿。在加州我从没见过木麻黄，听说佛罗里达州有，有一天我会去佛州寻踪。不知道它和家乡的木麻黄是否长得一样潇洒，一样挺拔。

很想再玩一次"接骨仔"游戏，很想再试试看我能把一根拆断了的木麻黄针叶接得多么天衣无缝。小时候我曾经问过大人一个很傻的问题，我问把木麻黄针叶接回去后再载入土中，是否能长出另一棵木麻黄，长出无数新的针叶来。

不记得当初大人是怎么回答的。不过我相信奇迹。童年故乡里遍布山海、顶风冒雨的木麻黄，离我那么近的木麻黄本身就是个奇迹。我总相信在那奇迹的后面还会有新的奇迹。木麻黄会在家乡，乃至在世界的其他角落，天涯海角再现她的传奇。而我，则会是那整个绵延的传奇里的一个因子。

（平潭时报海坛风文学副刊，2011 年 12 月 14 日）

董太太

有时候，你感恩的，不一定是一个对你的事业有多大帮助的人，或是一个多么伟大崇高的、给了你深刻影响或鼓舞的人，也不一定是给了你多少引领或直接在物质上给了你多大支持的人。当人生走到一处，你自信萎缩，举目茫然，就快要撑不住、想往后路退了的时候，有那么一个契机，那么一个人，还魂般将你拉了回来，撑了起来。

董太太就是这样的一个人。

双脚刚踏上美国这个自由女神像光耀的国度，我就让餐馆打工被炒和旅馆清洁累得干不下去的棍棒打懵了。当下就起了打道回国的念头。硬着头皮继续干，却是招工屡应不征，好不容易上了一个，又因文化风气不合而再度被遣。那时候，我的目光是呆滞的，我的灵魂摇晃，因为自信逃之夭夭。

一则不起眼的广告，将我带到了家住墨西哥区的台湾移民董太太家。她笑着，不知是看上了我哪一点，她要了我。她很干练，更重要的，很平易、善良。她的平易和善良一下就安抚了我那颗惊魂未定的心。

我的职务是保姆兼管家，除了照顾一个两岁男孩外，还要给全家烹饪。我几乎是毫无经验。在这个世界的任何工作场所，你知道没有经验意味着什么。照顾孩子还好，可这烹饪，很快我便遇到挑战：男主人给我递条子了：你的饭菜难以下咽。

在经历了诸多败绩后，我的心重新颤抖着提了上来，我惶恐不安，几乎又要顶不住。就在这时，董太太走了过来。她给了我几本食谱，言传身教了一会儿，最后她给了我一句定心丹一般的话：好好做，这份工作，我给了你了！

她还陆续跟我分享了她来美国的奋斗历程。同为艰辛的美国寻梦者，她理解、同情并侠友般支持我。

我在美国的根基，从那一刻开始一点点建立。尽管在后来的电脑生涯里我又历经了种种坎坷踉跄，董太太给予我的鼓舞和力量一直在我潜意识里支持着我。假如没有遇到董太太，我很难想象我在美国的人生会怎么样。她是我命运里那么一颗美丽吉祥的星。

我对董太太的感恩、钦佩和思念之情是一辈子的。我一直默默为她和她的全家祝福。我愿她永远平安美丽，祝她美国梦幸福圆满。

（《美国都市报》，2011 年 11 月 19 日）

失业毒手蛇

那天日落时分，我出去散步。这是一条径直往上的山路，对面是开发出来的公园，这端是野气十足的树林。我看着那些裸露的树根，紧紧抱着泥石掺杂的斜坡，心里感叹万物对大地的依存。走了30米那么远，无意一低头，赫然看见路边一条蛇！那蛇身拱着，却是一动不动。拱身一动不动，实在是很奇怪的态势，究竟是死是活？我无心探究竟，改方向朝公园那端的路走去。

思龙峡教堂安宁地坐落在思龙路的尽头，对面有块招牌，写着：政府维修路的终点。再往前，一条土路引向山谷腹地，偶尔有车穿过，掀起弥漫的土灰。

回来时见同楼一位姑娘牵着三条小狗走出。我提醒她，路边有条蛇。她谢过我，说她在这一带也见过蛇。邻居杰夫有一男一女两个小孩，常在外头玩耍。小布莱恩还会给我表演特别的自行车技。我想无论如何要提醒他们。

第二天我回家，看杰夫的车库外停着一辆黑色的样子古怪的卡车。我过去一看，嗬，杰夫车库里琳琅满目简直像在开作坊。我过去问：“怎么啦，在开作坊啊？”

杰夫脸色阴郁，对我说：我工作了17年，公司竟然把我解雇了，今天是我在公司的最后一天！

难怪他不高兴，我的心顿时跟着沉了下来。他有一个家子要养，还有房屋借贷要还，油价带动物价上涨，这个解雇可真是雪上加重霜啊！我不知怎么安慰他，就和他分享了我其他朋友的被解雇经历。末了，才想起我来是想告诉他蛇的事情。

杰夫听我说蛇，告诉我：这里很多蛇，就住在这片林子里。我问蛇会不会出到我们这个停车场来。他说冬天的时候它们受冻了，就会爬到我们这边来取暖。有一回他见一条蛇爬到我们停车场，他把蛇提了起来，扔回林子里去。杰夫还告诉我，林子里也有毒蛇，就是响尾蛇。我说：小不莱恩和小爱丽丝可要多加小心！他说：他们没事，他们很能对付蛇。

回到住处，想起杰夫提起响尾蛇，心里毛骨悚然。我把开着的门窗关严。我的阳台紧挨树林，我想以后每次到阳台上去可得确定没有蛇在那上头才行。杰夫还在底下收拾从公司搬回来的东西。平时这时候常听他放音乐，今天底下却显得很沉闷。和蛇比起来，杰夫更操心工作的事。“毒蛇猛兽”，“牛鬼蛇神”，“虎豹豺狼”……虎是猛兽，蛇则属于最为丑恶的那一类。中国古代有“苛政猛于虎”的说法，而今，大概要说“失业毒于蛇”了。

尽管杰夫门口原来常亮的小灯已悄然熄灭（大概他考虑节省用电），杰夫告诉我，他不会特别担心，因为有朋友的公司已经表示欢迎他去。

我心里颇感安慰。不管有几多“毒蛇猛兽”，上天总有路让人走。衷心祝他好运；盼望着他前院的小灯再度放光明。

（《侨报》副刊，2011年8月3日）

鞋的故事

在我的记忆中，爷爷这辈子只穿过两双鞋，两双鞋的样子都是一样的，就是那种黑布平底鞋，它的样式自然地顺着脚的样式。爷爷走路很轻，并且总是抬着脚跟走，从不让脚跟和地有摩擦，为的是延长鞋的寿命。我之所以知道这个，除了我记得爷爷走路的样子和几乎没有声音的声响外，我自己走路也很注意保护鞋。

爷爷买新鞋的情形我还记得，他手捧着崭新的、结实的布鞋，脸上透露出他内心的满足和欢喜。

奶奶这辈子好像也只穿过两三双鞋。一双平时出门办杂事时穿，另一双专门走远路及爬山时穿。奶奶每年要步行二十多里路去爬家乡名山灵源山一次，到山上去敬拜佛祖。奶奶的新布鞋，好像是姑姑给添置的。

我们住乡镇里，四周有许多农田。那时候，我看到许多农民都穿草鞋。我没有穿过草鞋，后来听下乡的知青说，穿草鞋，不打滑，还很舒服。

和爷爷奶奶比起来，我穿过的鞋数简直是奢侈。不过在当代，和鞋满柜、包满橱的时髦女性比，我仍然算是相当简朴的，也可以说是相当的“土气”和“落伍”。除了的确不想太花钱外，有几样东西限制了我买鞋的冲动，那就是：第一，我不喜欢穿高跟鞋，不习惯，也不舒服。第二，我只能穿盘带的或者是封闭式的鞋，否则走起来那鞋总跟脚过不去，总要掉地。第三，我只有穿盘带或封闭式的鞋才能开车。

平底鞋，式样当然比较有限，也相对耐穿些。在万兰溪崖工作 8 年，我一直穿那种最平民式样的、也是最舒服的 CUDDLERS 牌子的鞋。我好像只穿烂过两双。要知道，我常常穿着它出去走路锻炼。CUDDLERS 做过广告，大意是说：

假如你不觉得这是世界上最舒服的鞋，我们退你款。作为忠实的客户，我要说，CUDDLERS 鞋的确是我穿过的最方便、最舒服、最实惠的鞋，而且样子也很美观大方。

每次回国，总要姐姐陪着一起去购物，其中也包括了买衣服鞋袜。上次回去一口气买了两双厚底凉鞋，都是浅灰色淡金边，相当新颖和秀雅。我光着脚穿着它，还真把我这脚丫的格调全烘托了出来。

“太漂亮了！”姐姐评价。

是，我也这么觉得。可一回美国，又是走路又是开车的，竟也没什么机会穿它。有一次上班，特意穿上它，还引来同事一阵注目和赞叹。

以后假如我的孩子们也心血来潮想写篇鞋的文章，他们回忆我穿鞋的故事，应该会和我回忆我爷爷奶奶的感觉相类。我孩子们穿鞋，大概是一年一换。他们走起路来，是怎么舒服怎么来，没有什么节省鞋的概念。后来是我从走路的精神风貌和节省两个方面提醒了他们，他们才有了一点意识。

我之所以对鞋很有感觉和感情，也许和我的名字里有个“路”有关系。但是鞋本身就是非常耐人寻思的。鞋，穿在脚下，带着人走天涯；鞋，记录着一个人一生走过的路，也体现着它主人的人性：坚韧、耐心、朴素、克勤克俭抑或是潇洒、浪漫等等。

我会唱张明敏的歌《草鞋是船，爸爸是帆》。几次唱起，悠悠感怀：鞋，浓缩着一个人人生征程上的曲折坎坷、艰难险阻、悲欢离合、风霜尘泥和他 / 她所有的梦。

（《侨报》副刊，2010 年 8 月 10 日）

天堂无爱情

一段尘封的文字

圣经上说：天堂里人们不嫁不娶。天堂无婚姻，暗示我天堂无爱情。

想想很有道理。爱情是忧伤之根，眼泪之源，而天堂上既没有眼泪，也没有悲伤。所以天堂上不可能有爱情的。

爱情是地上的范畴，只属于人间。地上再美好的东西都逃脱不了辩证法的制约：幸福和痛苦，欢乐和悲伤…… 相信轮回转世的人会抱着一个执着的爱情梦：今生无缘，来世再爱。而我，更愿直上重霄九，撒手人间万般情仇，化解一切情爱纠葛，泯灭所有热欲爱火。我愿爱情的笑语和泪珠都被融化在天堂无边无际的祥和里。

和先生大吵了一架。

我们并不经常吵架，意见不一时互相都比较克制。今天的架，使我平生第一次自我体验到什么叫气在火头上，甚至什么叫歇斯底里。我居然朝他身上摔东西：几张红色小信封。那一刻里，我只感到神经的扩张和血管的热胀，浑身上下理性皆失。

吵完了，时间并不因此显得慢，我们和解了，我们又忙起了各自的和共同的事情。忙完了以后，我坐在空间不大但是很舒适的客厅里，先生一手规划装修并亲自布置的客厅，我就坐在他亲手买来的沙发上。我们一起出去购买过沙发，那是很久以前的事了。一次是去看人家的“搬家直销”，很便宜买了张旧沙发；另一次是去选购全新的沙发。现在的这一张，是房子装修完了以后先生自己去买来的：棕白相间多功能布沙发，很是舒适，我非常喜欢。

我坐在这沙发上，看着外面的树木。正对面，是一棵枇杷，16 年前我们买房子的时候它就在那里了。每年它都结出黄澄澄金灿灿的果实。它的果实特别滋润清甜。和 16 年前——应该说，是和两年前——不同的是，原来它有两根主干，如今它只剩下孤零零的单根。先生没听我的意见，或者说，我的请求，砍掉了枇杷的一根主干。从此，那枇杷成了一幅为孤单做注解的插图；我们的后院，也从此变了样。

类似的事情也发生在一棵无花果和一株野生的向日葵的身上。先生又是不顾我的意愿，砍掉了一棵硕果累累的无花果树，拔掉了一株正含苞待放的向日葵。

让一个女人高兴，让她有种被呵护受关顾和由此而来的幸福感，其实是很容易的；同理，让一个女人感到悲伤，感到她一文不值，也很容易。先生似乎不懂这一点；或者他懂，但下意识里他的做法是另一个因的果，另一个渊源而导致的条件反射。而那个因，那渊源，一半出在我的身上，我的过和失。过分的理想主义会导致对实实在在的人间关系的伤害，会忘记地球上值得珍惜和小心爱护的情感。

看着玻璃窗外，树欲静，风不止——听说明天有雨。又据说天气是最难预测的一种现象，现在阳光这么明媚，兴许明天还会是个大晴天——很久没有考虑这爱情和婚姻的事了，以为这件事情上自己已经完全回归了平安和淡然。这会儿，呼吸却不是特别的平和。

爱情和婚姻不是一回事，这个陈述还需要第十亿零一次的前思后想和讨论吗？

好像是需要，因为人心有不甘。

爱情本身不属于纲常伦理的范畴，和法律也没有直接关系；婚姻却正相反。

婚姻是人际架构，爱情是灵肉相融。

爱情，其实和婚姻有着某种共性。爱情是一种缘，一种约（定）。

《圣经·创世记》里写道："耶和华神用从那人身上所取的肋骨，造了一个女人，带她到那人面前。那人说：'这是我骨中的骨，肉中的肉；她当称为女人，因她是从男人身上取出来的。'"

尽管爱情可能有无数模式，尽管一个人一生也许有不少异性缘，但是在我那理想和浪漫的火花里，有如日和月，和你相般配，相对称的那一半，世上只能有一个；那一份和你的存在与价值息息相关的爱，只存在于你和你的另一半之间。

当我看见一个男人碰见一个女人，洪荒岁月的海滩上留着他们曾在一起的印迹。

他们同爱着深蓝的大海和海空间的飞鸟，同爱着草原和草原上的牛羊小鹿，还有那浇灌着各色野花的从高山淌下的清流。

他们拥有同样的星空，他们共同的童话延伸到银河的终端。

他们挚爱脚下的泥土，热爱施恩万物的太阳，他们有一样的感恩和仰望。

他对她说：你太美善，上帝造了你，你是我的心肝宝贝，我的故乡；

她对他说：我从你而来，你是我的原因和目的；我在你的心里成全。

两个身心在千里外互相感应到对方在自己体内的存在；

两个生命互相凝注：你是我的灵中灵，骨中骨，肉中肉……

我知道，这就是天作之合。

从遥远的洪荒我走来，一路寻觅，我在找这个世界之初曾和我在一起、并将和我回归天堂同一处的男人。在那纯净世界里的最初的同在，是男人和女人真正的缘。因了那缘，他们相爱相识。

人说婚前的新鲜感神秘感；婚后将慢慢消退，爱情也就在很大程度上成了亲情。我觉得爱情一开始就应该有似曾相识的感觉，有类似亲人般的纽带连接。这种似曾相识感告诉双方爱不偶然。

神秘和新鲜感只是皮毛上的东西；真爱不需这些“感”的维持。对真正的爱情来说，婚姻只会是她大戏的开始。爱情有亲情的因素，还有亲情所不及的缘的力量维系。不要为爱情找那缘以外的任何原因。

那样的亲切感归属感和建立在这上面的亲情，把两人紧紧结合在一起。两人之间有一种地老天荒的互相承诺和命运共同体意识，一种互为对方牺牲的激情，一种自然的吻合。这样的结合，经得起生活琐碎和艰辛的磨砺，经受得住时空的挑战以及新鲜和神秘消失后那近距离的考验。

也许有人会说这是对爱情的迷思，一直以来，我宁愿说这是对爱情的信念。信念和迷思之间的差别不在形式而在实质：信，就是坚信其有。

解剖至此，浪漫曲终。人类的理想和现实，从来都不可能完全吻合，总有一道逾越不了的鸿沟。爱情和婚姻不是一回事，是人类理想和现实不是一回事的体现之一。许多男女，即便在他们所谓的恋爱过程中，不管是霓虹灯下还是花丛林间，在那些浪漫约会里，能够有情回洪荒的缘分感应的男女，能有几对呢？许许多多婚姻关系中的双方，又有多少真正有那种灵与肉的相互归属感呢？

真爱在哪方存在着，现实中却可遇不可求，婚姻，已然是另外两个人的结合。

怎么办？离婚吗？要离多少次？天涯海角要走多远才能觅到那个 Ta？在我的信念里，离婚是选项单上的最后一项，因为我既是爱情至上主义者，也是婚姻至上主义者。原则上讲，就像生命和青春只有一次机会一样，婚姻也只有一次机会；婚姻还和子女、家庭密不可分。你和浪漫真爱的结合，能保证两人关系的最佳，却并不能保证子女及其将来的最佳。和婚姻家庭比起来，爱情又是狭隘的。生活在大地上的人，吞进肚里的只能是人间烟火烧出来的东西。我们常常是需要在自我浪漫的跟前后退一步的。后退一步，没有了浪漫的全息，却有另一番海阔天空的景观。

于是，男女之情，演绎成亲情。人间亲情是什么？除了天伦外，亲情，是那些风雨同舟,互相成为生活和命运共同体的人们之间的纽带和感情。这个纽带和感情，把两个人维系在一个屋檐下，生儿育女，白头偕老。

可不能小看这婚姻亲情，这亲情浓烈起来，爱情可不一定敌得过；这亲情，点滴在心头，胜似那相濡以沫。

所以，无需对无性婚姻大惊小怪。无性婚姻具有击败有性婚姻的潜力。

可要是，要是做不到以亲情相处呢？当矛盾激化到一定的点上，你会禁不住这样问。这是婚姻的艰难时刻。在那时刻里，试着把对方就当作一个人来爱，在夫妻之间讲求纯人道。毕竟，人和人之间是应该要相爱的。路人尚且应该如此，何况是一个屋檐底下的人呢？

你也许会觉得这是互相的不敬，因为它把爱情降到了一般人关系的水平。

其实这不是不敬。爱情有层级，婚姻亦然。这世间，能够达到那至高爱情境界的婚姻，实在是凤毛麟角。爱情的层级，决定了婚姻的层级；这层级，只有不同，没有高下。

这是人和人之间和谐关系的最后底线和堤防。爱情也好，婚姻也罢，都不过是地上的事物和范畴。地上万物的根本属性,就是它们都是相对的。爱情再至高无上，也会有矛盾、痛苦、忧伤如此种种。圣经上讲天堂里不娶不嫁，我的理解，就是天堂人际间没有爱情的阴晴圆缺，只有和谐的爱和欢愉。

不仅不是不敬，地上纯人道的爱，对应着天上平安和谐的爱，还有什么爱比这样的爱更真诚辽阔，更包容，更宽厚和伟大呢？

厨房里响起先生的唱歌声。小儿近来在学演讲答辩，先生为了锻炼儿子在众人面前不怯场，时常鼓励儿子唱歌，自己也因此常常在家里放声高唱。先生在关注和培养孩子成长方面，总是花很深很细的心思。他对孩子们的关爱，是我今生的福。

今天先生唱得特别久,特别嘹亮。老实说,我一直没觉得先生有特别的唱歌天分，没觉得他唱得多好听，可是今天不同，我觉得先生唱得真好，那歌声直往我心里钻

——它饱含了先生的坚忍、倔强、开朗和奋斗精神，释放出先生的全部追求和梦想。

歌声把我带到了我们的初恋时分，那时我们是那样的年轻，我们都没有什么爱的经历和体验。他，就像是个宽容温和的大哥哥，我就像是个清纯却又任性的小妹妹。无知的开始，灿烂和昏暗交加的结果……

想起我写过的文章《那个叫我丫头的，是我的男人》中的一段：

我不强悍，不算很聪明很有智慧，我不算很漂亮，甚至也不算很性感。我就是一个普通的女人，我的力量和魅力在于上天赐给我的一切自然属性：温顺、善良、纯真、坚忍、柔弱和我的一切需求喜好……我需要一个男人，需要他厚实的肩膀，我喜欢靠在他的胸前，喜欢把双手环绕在他的脖子上……我喜欢他的一切，我会尽我所能和所有来爱他，护他。我特别的，特别的喜欢他唤我一声“丫头”。那一声唤里，我听到了爱，听到了力量和呵护，听到了宽厚，关怀 ——一个男人对一个女人所能有的一切亲热，我都听到了；几乎我所有的需要，刹那间都满足了……

似曾有过当“丫头”的感觉。吵架和互相伤害了以后的现在，在我的一杯道歉水和轻声细语里，跟前摆着先生特意买来的一碗年夜饭、一盒柿子饼——先生说柿子饼润肺——和预备为我的车换的一对新雨刷。空灵的情爱理想显得苍白乏力，在先生的歌声里，我又拾起了那个感觉。那是一种既淡然陌生又顽强地熟悉着、温馨着的感觉；那是一种亦天堂亦人间的感觉。爱情至上和婚姻至上，在狭道相逢处交战会杀得人遍体鳞伤。而亲情和爱情，在有心的人之间互相转化和偎依；天堂和地上，总有那么一线相牵，那么一条暖暖的、光明广阔的地平线。

（文心文学社精品推荐，2011 年 11 月 17 日）

恋母情结和爱屋及乌

有一次儿子和我分享说：男孩第一次找女朋友时，一般是这样的：不是找和母亲完全不同的女孩，就是找和母亲很相似的女孩。我心想，也有道理。母亲是男人接触到的第一个女性，他对女性一般形象——从外表到内心——的认识首先来自身边最亲近的人：母亲。男人天性爱温柔的女性，假如母亲淑德、温柔慈爱、善待儿女和其他家庭成员，那么儿子有可能把她当作找对象的一个楷模和标准。假如母亲无德、性情暴烈，那么结果就会正相反，儿子就会想找一个和母亲完全不同的人。

儿子是这样跟我形容他的女友的：妈妈，她和你一模一样。

……

儿子不会开车的时候，我送过这位女孩回家。儿子会开车了，我和这位女孩一起坐儿子的车出去吃过饭。我用心观察这位女孩，发现儿子说的不无道理。我应该要感到欣慰和得意。事实上我也是。不过我问了儿子一句：和一个像妈妈这样的女孩生活一辈子，你觉得会幸福吗？儿子毫不犹豫地回答：会。

你可能觉得我问得莫名其妙，我这样问是有原因的，什么原因，就不是三言两语能说得清的。

儿子在我面前还时常会撒娇。那天一早起来他说他落枕了。“好痛啊！”他故意夸张地说。落枕也真的是痛，很恼人。我心里还高兴他选了我在家的时候落枕。我拿出了我的灵验药膏，轻轻往他脖子上抹。他一会儿让我抹左一点，一会儿又说要往右一点。当我把药膏准确抹到他的痛处时，他舒服加得意地哼哼两声。那声音让我回到 19 年前儿子的婴儿岁月，那哼哼呀呀的儿语直往我心田去。我想着有一天，我就像《苹果树》那首诗里描写的那样，完全的老了，没有花，没有果，也没有叶，只剩下一个仍然可以坐的树桩，到了那一天，儿子不知道还会不会在我的面前撒娇……

那一天，那位女孩来了，儿子跟她到外头去打乒乓球。听女孩说近来她一直都在运动，为的是减肥。其实我觉得她实在不算胖。我站在纱门后看他们打球，还是给眼尖的女孩发现了。“你妈妈在看着我们呢。”我听她在跟儿子说。

“我照相呢。”我索性坦白。

她基本没打过乒乓球，所以儿子几乎每打一个球过去，她都回偏。儿子就这么边打边频频去拣球，相当有耐心，还津津有味的。要是和我，哼，他早就会因为乏味而不干了。

我看女孩打得满头是汗，天又那么热，就催促儿子给她水喝。“我早就给她喝过了。”儿子说。

我还是有些不踏实。于是打开冰箱找东西。找到了一颗桃子，扁形的，也是儿子爱吃的，还有一盒龟苓膏，据说对美容特别好。我把它们给了女孩。

这会儿坐这里写着，心里想着那女孩，有些怅然，便走过去跟儿子聊天。“你女朋友有没有说龟苓膏好不好吃？”我问。

“有，她说很好吃，她很爱吃，她也去买来吃了。”

“真的呀？”我兴奋了起来，“你要告诉她，那里面含有很珍贵的成分，对健康，对女孩子美容都很有好处。”

“好，我会告诉她的。”儿子满口应承。

我心欢喜。今天离家前，我还特意跟儿子要了女孩的电邮。儿子是恋母情结，妈妈是爱屋及乌。这关系好像就是这么个情和理。

（《侨报》副刊，2012 年 8 月 17 日）

看见幸福

长期用眼过度，近来眼疾频频，视力急剧下降。这两天，一种恐惧油然而起：真怕哪天突然就看不见了！

我的世界在 13 岁那年起了巨变。13 岁以前，天地万物：高处的星星，起伏的群山，远处房子的屋顶和树枝上的小鸟……一切都是那么清晰，层次分明。13 岁开始，我的视野开始模糊，我得眯着眼睛才能看得清东西。班主任注意到了，便领我到家，告诉我父母：明丽需要配副眼镜了。

眼镜配来了，一戴，世界恢复了她的清晰，可却失去了她的饱满：透过眼镜，一切都变小了。

眼镜带来的诸样不便还在其次。

眼睛犹如我生命力的一盏指示灯。

我喜欢蓝色，这不仅因为天和海的颜色都是蓝的，也不仅因为我相信世界初始的颜色是蓝色，还因为我少女和青年时代眼白的颜色是蓝的，它蓝得真的就像天的颜色一般。

而今，不仅眼睛里的蓝尽数褪去，世界在我的瞳孔里也日益模糊。

我这才真正从心里为了视力而感谢造物，因为这个世界没有什么是应该的。有的人生来就带残疾。有的人，比如海伦凯勒，一场病就可以明聪尽失。

我开始越来越感到视力的无比珍贵。能清楚地看到这个世界的美丽万物，是多么幸福的一件事！站在蓝空下，我细数着这辈子都看过什么佳景美象。

美丽的花朵，青葱的树丛，峡谷和峡谷中的湍流，浓妆淡抹的山冈；一丝不挂的万里蓝空，绚丽的晚霞，初生的金月，喷薄的晨阳；银色的冰峰，金色的秋野；可爱的鸟儿，可爱的男孩女孩……这一切的一切：颜色，形状，意境和它们内在的精灵，在一个视力健全的人那里是习以为常的；而在一个没有了视力或视力不健全的人那里，却是一种近乎是奢侈的惊喜。

网络上流传一个“三根羽毛”的故事。故事说到一个男孩，每次他取得好成绩父亲问他要什么礼物时，他都没有例外地说他想要三根不同颜色的羽毛。每次都满足了儿子要求的父亲，却一直都不知道为什么儿子总提这个古怪的要求。在一次车难后儿子带着他的“三根彩色羽毛梦”走了；不解之谜却留了下来。很多人猜测这个谜底，其中之一就是：这孩子生来就色盲！

回味着那三根羽毛的故事，我想起了海伦凯勒的《假如给我三天光明》。“善用你的眼睛吧，犹如明天你将遭到失明的灾难。聆听乐曲的妙音，鸟儿的歌唱，管弦乐队的雄浑而铿锵有力的曲调吧，犹如明天你将遭到耳聋的厄运。抚摸每一件你想要抚摸的物品吧，犹如明天你的触觉将会衰退。嗅闻所有鲜花的芳香，品尝每一口佳肴吧，犹如明天你再不能嗅闻品尝。”

我的眼睛湿了。不管怎么说，我曾经看见过灯笼般眨着眼的满天星星：牛郎、织女、北斗、紫薇……不管怎么说，我曾经看见过一个清晰饱满、绚丽多姿的世界。我的心里充满了感激、幸福、悲怜和祝福。假如这世上有一件事情是应该的，那就是一个人活着的心态：知足，感恩，善良。

（《世界日报》副刊，2012 年 3 月 19 日，后正式入选十年海外中文教材）

圣盖博的早晨

周一到周五的早晨对许多人来说都是匆匆的，甚至是忙乱的：要早起，起来以后要梳洗、整理、吃、送孩子上学、上班……大多数公司的标准报道时刻是八点或八点半，这早晨，实在没有多少时间好拖延。

十年来，我一直在这个早起匆匆的上班族群里。前些日子病倒看急诊，看完以后也没忘这晨间的使命，总想撑着回去上班，结果是错过了许多天放松闲静的清晨时分。今天是周五，我终于意识到我再也不能如此虚度光阴，我必须走出去，去享受不用赶办公的福分，去欣赏这大自然赐予的美好早晨。

我出去了，沿着蔚街踱步而上。17 年前我们买房子时，蔚街还是条十分幽静的宅区小道。不幸得很，后来政府在小街尽头设了个红绿灯，蔚街失去了许多它原来的宁静。

我走着走着，身边不时有车呼呼而过，也有遛狗的人悠闲地散着步。有一位独步的人不停地朝每一个驾驶人招手。哦，我的情绪给调动了起来，也忍不住朝来往的人们点头献笑。笑着笑着，耳边就响起了苏珊（Susan Boyle）的歌：Perfect Day。

路过一户人家，它的园林做成沙漠绿洲的样子，我看到各种沙漠植物在清晨的湿润下如处子般静立，有的形状像绣球，有的像莲朵，有的似密剑尖挺，有的如白鹤翘首。其中一株伸出长长的美枝，绽出橘红色小花。我走到跟前时，忽有小鸟惊飞，惹得红花秀条颤扬不止……

转入一条僻静小道，头上有谁家的鸽子盘旋飞过。勤劳的屋主正和割草的工人们一起整治居家小园。一栋朝东的屋子，沐浴着旭日的光彩，显得英姿勃勃，我羡慕它那独好的风水。它的斜对面是棵繁茂的大树,我在树下伫立片刻。它不是梧桐,也不是桂花;它华盖巨大,我却叫不出这棵常青乔木的名字。叫不出它的名字,不影响它的美好安详。

多么美好的树木,自然母亲怀抱里的青翠!

多么安宁的气氛,我们圣盖博的早晨!

圣盖博成为洛县一小城有一百多年的历史了。她的名字(San Gabriel)取自一组知名天主教建筑物(Mission San Gabriel Arc á ngel),内涵圣经里的天使名字。这份宗教底蕴,让我在感受着圣盖博美妙晨氛的同时,心头多了一份很特异的平安和单纯。举头望着蓝宝石般的天空,天空底下那一排排经历了无数风雨的棕榈,我迈着忘我的步伐向前,却被突然喷出的草坪淋泉湿了衣裳。那个戴草帽的墨西哥小伙子朝我善意一乐。我也笑了——本来是一路笑不露齿,现在咧开嘴,应该会显得有些傻。

我加快了脚步,后面小伙子的歌声追上了我:好快活、好真纯的歌喉!

(《世界日报》家园版,2012 年 3 月 14 日)

一条紫色的发带

由于天热，那天上班前我顺手往裤兜里塞了一条紫色的发带，为的是在感到闷热的时候把头发扎起。

裤兜里本来就塞了不少东西：钥匙、公司楼门进出卡、纸巾等，一忙起来就忘了那条发带。更有甚者，手在裤兜里进进出出，忙活了一整天，傍晚回到家时，我并不惊讶地发现发带不见了。虽然不吃惊，但是满有些沮丧，因为那条发带是我几条发带中颜色最好看的。

我根本没有想要找回来那条小发带。它太小了，太不起眼。它可能掉在了公司咖啡房里，或洗手间，或老板的办公室，或会议厅，或……还可能掉公司外面的停车场。要想在这个环境里找到那条小发带，也差不多像大海捞针那么难。

第二天去上班，午饭时间我照常出去走一圈。公司很大，沿着楼房走一圈大概要 15 分钟。我去看了一下车，看轮胎啊什么的是不是安好。从停车的地方走回公司，拐过一个弯，突然眼角扫到一圈紫色，走回去定睛一看，天哪，那个矮墙上放着的，正是我昨天丢失的紫色发带！

丢发带我不吃惊，丢而复得却让我欣喜无比。这世上真是有奇迹！我小心翼翼捡起来那发带，它还挺干净的。那矮墙比我的裤兜要稍高一点，一定是有心人从地上捡起来放那里的。看着手心上的发带，我心里除了欣喜还有感恩，甚至还有期盼。这真是一件吉祥的事，它似乎在向我预报着什么惊喜。

我把那条紫色小发带好好地收藏了起来，再也不要弄丢它。那可爱的紫色带子，向我证明着奇迹和关爱的存在，显示着生活里蕴藏着的希望和美好。

（《侨报》副刊，2012 年 9 月 6 日）

无花果，绝望中的希望

本来，我家后院神奇地长出了一株无花果。由于处在自动喷水的最佳位置，她长得很迅猛。记得一年多以后我就吃到了她甘美的果子。她不仅果实好吃，叶子也特美，我实在是喜欢极了这株果树。

不料先生不欢迎此树，说她长得离墙近会影响地基。没得商量，就这么着，果树没了。我这难受就不用描述了。

又再后来，也许是飞鸟传子或是情风相助，后院的一个花盆里颤颤抖抖又长出了一株无花果苗。可不巧，同盆里还长出一株马蹄莲。我想吃无花果，可又不忍伤了马蹄莲，只好把两株一起从盆中整个移出，栽在了一个远离墙根的角落。

那个角落由于日晒强烈，又没有自动喷水，活像块小戈壁。条件限制我每周只能浇一次水，辛苦期盼了八个月，好不容易那无花果长高了两寸，园丁一来，以为杂野，不分青红皂白剪了我的小无花果！我因为离家工作，总碰不到园丁，这个不幸发生了两次。好不容易，在我的坚持照料下，我的小无花果又往上挺高了两寸！那天临离家前，我三次叮嘱先生：见到园丁请一定告诉他不要再去剪那株无花果。

结果如何？过了一周我回家，照例到后院浇水，远远的，我就不见了我的无花果！

百感之下我狠狠拔掉自己照料了许久还开着花的心爱的马蹄莲！就是因为它的存在，园丁才误剪我的无花果。

“这辈子我是无缘再尝无花果的了。”看着那无花果的残枝败叶，绝望的我碎心泪下，情急内伤，当场胸部就疼了起来。

百感无措时，不知怎么的，我的耳边忽然就柔柔地响起了这么几句话：“爱是凡事包容，凡事相信，凡事盼望，凡事忍耐。”噢，那是使徒保罗著名的《哥林多前书》十三章里的几句。

本来，希望就是希望，绝望就是绝望，不可能既希望又绝望。然而因了一个神奇的转化剂:爱,人心可以在绝望中活出希望来。这个爱,它的内功了得！原来这爱，它基本上就是活着的一种大心态、大气候和大洞天。在这洞天里，只有守候，只有希望，它没有绝望的影像。

刚刚还冲先生怨艾了好几句，先生回应说：我也很难受！这会儿，我什么也不说了，拿起小铲来把无花果四周的土堆加高，又拎起水桶来往里浇灌。听着水滋滋进土入根的声音，我打心里继续着那一份期待，期待着这历遭劫难的无花果苗在那小戈壁滩上快快成长，期盼这辈子我还能再次尝到那柔软清甜、营养充盈、无与伦比的无花果子！

（《世界日报》，2012 年 7 月 15 日）

家的火炬

由于周一新工程投入生产，我星期天下午就得赶回公司附近的住处。要过整整五天，我才能再回到温暖的家里。临行前，我心里是百般的不愿意。孩子们大概都没有觉察；不知孩子他爸觉察到了没有，他只一个劲地在洗水果给我吃。

驱车北上，秋季的首场细雨绵绵，一阵秋的微寒袭心，禁不住叹出三个字：家啊家！

想起了散文家王鼎钧的名言："故乡是祖先流浪的最后一站。"王鼎钧是在一个比较潇洒的意义上理解"故乡"含义的：四海为家，故乡都从异乡演变而来；而我回味这句话时却两眼湿湿，硬是潇洒不起来。

我想起了儿时的家。

小时候写籍贯都写惠安。爷爷是惠安石匠，奶奶是惠安农女。日子虽清贫艰苦，却也一直平安，直到有一天二叔公闯下了大祸。

闯了祸，惠安待不下去了，爷爷只好随着曾祖父放弃在惠安的家业，一个担子两头重：一边坐着他的慈母，我的曾祖母；另一边坐着他的爱女，我的大姑，一路往南。那时候，曾祖父和爷爷并不知道下一个落脚地会是哪里，甚至不知道下一顿饭会在哪里吃。爷爷以长子的担待，帮助曾祖父，领着全家老少长途跋涉。我不知道全家走了多久才到安海这个地方。我只知道我劳苦了一辈子的曾祖父没能捱到安海，50 岁的他就在这流浪的途中病故。

到了安海，爷爷看上了这个既有人文之风又有人情味的小镇。安海位于海湾之内，北有泉州，南有厦门，东连东石，西接水头。我不清楚曾祖父和爷爷他们当初为什么不选泉州而是继续南下直到安海。也许是因为泉州是大城，是庄稼人石匠不敢企及之处。而安海是一个和邓丽君歌中的小城非常相似的地方。它地理位置好，热闹而不失安宁，温馨并隐藏着各种谋生的机会。就在安海，祖父一切从头，全面掌握了补牙、修牙、镶牙的技术，正式从石匠转行为牙医。

爷爷落脚安海的决定和弃石从医的举动，决定了我父亲和我的命运。爷爷奶奶的辛勤劳作，给了父亲一个温暖安宁的家庭环境，父亲成了家里第一个状元；也给了我一个温馨的童年。不管多少年已过，不管我走了多远，安海作为我人生起点上的故乡，作为我童年的家，已经成了我生命的一部分，我生命的一个支撑。

爷爷的三弟到了安海后不幸染上了鸦片瘾，形同废人。爷爷知道后一不做二不休把三弟关进了新家的阁楼上。少年气盛的三叔公被大哥关在上头，又喊又叫的挣扎让人听了难受。爷爷不妥协，不搭理。奶奶心肠软，天天把饭菜端上去伺候他吃。三叔公在上头被关大约个把月。等他从上面下来了以后，毒瘾从此烟消云散。

之后，家境不济，放三弟在身边无所事事也不是个办法。爷爷听说金门生意好做，就为小弟弟整治了一整套的牙科器具，传授给他这门谋生的技能，并亲自送他到金门去讨生意。

不料后来海峡长隔，兄弟一别竟成永别。

半个多世纪过去了，80年代中期，三婶婆从台湾找家找到了安海。她回家的时候，爷爷已经不在人世。三婶婆一进家门，一个扑通就跪倒在爷爷的像前，声泪俱下，大哭不止。她告诉奶奶，告诉父亲和众亲人们，假如不是这位威严而又慈祥的大哥，她的丈夫早就荒废一生，更不会有他们后来在台湾建置的家业。

三婶婆访安海时我已经到了北京，没有机会和她叙。不知道三叔公是如何从金门一路流浪到了高雄，又到了台北，最后定居那里。

故乡总关家，总关情，割不断的亲情。家在哪里，哪里就是下一代人的故乡；而故乡，真如王鼎钧所言，是祖先流浪的最后一站；是历尽艰辛的上辈人爱上的一个地方。

说到流浪，说到迁徙，1600多年前晋代所谓“五胡乱华”时期，中原居民大举南迁。听父亲说，我们那一带的闽南人，就是那个时候从河南山西一带南下的。晋江、洛阳桥这些名称，保留了我们最早的故土痕迹和我们心底存着的中原眷念情结。客家人的首批大量南迁据说也是那个时候开始的。南迁路迢迢，绵延百千年。客家人最后落脚梅县一带，成家立业，生养繁衍。

我先生是梅县人，不仅讲一口原味客家话，更令人赞叹的是，由于我常不在家，他操持家内外，教养两儿男，耐心刻苦，从无怨言。

说到跨海，说到移民，我先生和我先后离开故土，来到美国。从打工开始，历尽坎坷，最后步入美国主流行业和公司，有了两个可爱的孩子。异乡的孤零感随着孩子们的到来而渐渐淡化；新家的感觉也随着孩子们的成长而一天天温馨、强烈。

在万兰溪崖这个地方寄宿工作十年了。我努力了十年，却一直无法改变这寄宿的状态。我恨星期一恨了十年，盼星期五盼了十年。这种寄宿的生活，让我成倍，成十倍成百倍地感到家的恒温和珍贵。家，不仅仅是你完全放松，举措自如的地方——其实你随便自己租个地方住也可以达到这个目的——家之所以为家，更重要的，是亲情，无与伦比的生活、生命共同体的亲密无间、互爱互持的那种联系和感情。

车轮滚滚，我思绪绵绵。孩子们现在也许还不会有很深的感触，到了他们也有自己孩子的时候，他们该会像我们今天这样，回忆他们的祖辈远跨重洋，从中国的广东和福建到了美国的加利福尼亚。也许他们仍然视父辈的故乡为故乡，或也许父辈的故乡在他们心目中变成了一个遥远的籍贯。不管怎么样，愿我们的漂泊流浪终结甜果，愿我们留给后代一个永远回味无穷的家和家的精神，家的恒温。家的精神和恒温，是人类世代相承的生命基因和遗传信息。家和故乡，护卫人类亲情的火炬，使她得以一代接一代浓浓烈烈地传下去。

（《洛城文苑》第 64 期，2012 年 12 月）

天道自强

还在国内的时候，从美国南加州考察回京的小坤就跟我们介绍说，这加州真奇怪，越是冬天，草木越浓绿。我们住在北京的人自是困惑不解，因为北京的严冬，除了松和柏，其他树木都片叶不粘，只留下刚强的枝杈。

来到南加州后，八个月不下雨，才悟出小坤所述现象的道来。南加州没有北京的三九严寒，却有北京所没有的酷暑毒旱。“从来不下雨”的气候，对动植物乃至人都是严峻的考验。我们所在的华人居住区还稍微好一点，我工作的地方万兰溪崖地处南加州北端山区，冬寒夏炎，颇有沙漠气候的特质。

七月的一天里，我步行到万兰溪崖野外去。早上十点多，太阳已经很晒了。举头望前方，赫色的山冈就在眼前，我能看到它裸露着的嶙峋嵴梁，仿佛伸手就可触摸到它焦渴的肌肤。刚刚过去的冬天里下了几场雨，虽然雨量不是很充沛，但是也使得群山泛蓝。春去夏来，几周烈炎就足以吞噬掉冬季里所储蓄下来的点点青翠。我的左边是一片很大的空旷地，焦草遍野，只有那些根植深厚的强悍植物生存了下来。旷野边上，松柳成行。松枝上松蕾高悬，象征着倔强生命的累累硕果；本性阴柔的绿柳，在万兰溪崖却悄悄变了样：树干粗犷刚挺，柳枝扬而不垂。看着这些植物的耐旱挺拔，一个声音从耳边油然响起：天道自强。

早在几千年前，中国最古老的典籍《周易》，就以“健”“强”来诠释乾道。“天行健，君子以自强不息。”清代经学大家王引之注：天行健，天道健也。易经本于占卜，窥探天地奥秘。其实我觉得乾卦无机密，就是逆境自强，生生不息。老子曰：“人法地，地法天，天法道，道法自然。”归根结底，人必须克服自身的脆弱处，适应自然的规律；

强化自身，以图在艰苦的环境中生存和发展。

几千年来，自强不息已经成了华夏阳刚性格的一个重要内涵。李连杰主演的电影《黄飞鸿》的主题曲就是以古代阳刚名曲《将军令》为基调的《男儿当自强》。主唱林子祥把这首歌曲的刚之力阳之美发挥得淋漓尽致。

之所以为道，因为它是普遍的。自强不息，放诸四海而皆准。和中国相比，美国历史不过两百多年；而具体到万兰溪崖，大概只有二三十年的历史。可是这二三十年，万兰溪崖从沙漠荒野变成人间都市。我的同事告诉我，我寄宿的丝提芬森这个地方二十年前什么都还没有。眺望星罗棋布的新居，真是令人难以想象可又想象力飞翔。

云彩散开，鸟儿飞来。看着眼底广袤的旷野，我在想，将来谁会来开发这片处女地呢？这块土地，一定是属于那些充满好奇和活力，勇敢开拓而又自强不息的人们。

手机响了，是同事打来的。“玛格丽特，你上哪里去了？老板找你商量事呢！”

“我这就回去。”我微笑着，挂了手机。走回公司的路上，来美的经历突然就像过电影一样历历在目：推点心车、清洗旅馆、冰果店侍应生、书店店员、中文学校半职秘书、保姆、管家、老板……那些日子，几乎支撑不下去。最后绝地反攻，从古代汉语专业转行电脑——现在是公司里的主力工程师。心里除了深深地感恩，也多了一份自在和自豪：天道自强，不管它是一本历史书还是一本哲学书，我看到自己的名字镶嵌在了它美丽的扉页上和厚实的脚注里。

（《世界日报》副刊，2009 年 11 月 16 日）

我和《新大陆》诗人的十七载诗缘

大约十七年前，在经历了四年的在美打杂后，我终于有了自己的小生意：一家小书店。按照朋友的说法：有自己的生意，便是美国梦成真了。

我听了心里苦笑加自嘲：有过多少梦都没有实现，这个小破书店，倒是美梦成真了。

成真就成真吧。可，美梦（不管是大梦还是小梦）成真其实只是人生的另一种开始。我开始，开始兢兢业业了，开始艰苦奋斗了；与此同时，我开始，开始计较钱了，开始庸俗势利了，开始刻薄了……

开店一年多后，有一天，来了几位中、青年男子。他们看上去很斯文，很和蔼。其中戴眼镜的、肤色黝黑的那一位更是温文尔雅，笑容可掬。他手端着一摞书，走到了我的柜台前。

“小姐，请问你们书店能不能帮寄卖书？”他很有礼貌地问。

“什么书呢？”我反问。看他的书生模样和谨慎谦卑的神态，我猜想不会是什么畅销书。

不是畅销书，我实在是提不起来多少力气和兴趣。不过，我还是尽量装做热忱的样子。

他小心翼翼地把那一摞书放到了我面前的柜台上。“这是，”他说，斟酌着词句，“我们有个文学团体，这是我们团体里作者们的诗集。我们想放几本在这里卖。”

“你一本要卖多少钱呢？”我又问，硬撑着认真劲看了看那摞书。

“这样吧。每本我们收回十元，剩下的全归你。”

“十元？！”我脱口而出。那书，薄薄的，白色封面，封面上的图案有点像木刻；整个装帧很简朴。我觉得那书连五元都卖不动，他却开口就要拿回十元！“这个，卖十元，恐怕会难一点。”我说。心里吃惊，语调还是尽量保持平静和礼貌，脸上还是尽量堆着笑。

“你知道，我们自已出的这书，成本很高。卖十元，也就是回本而已。”他解释道。

“哦，是这样。”我点了点头。“那，就试试看吧。”根据多年的经验，我琢磨那摞书恐怕连卖出一本的希望都没有，但是我还是把那一摞书——大概十本的样子——留了下来。

“那就谢谢你啦！”戴眼镜的中年男子说。

于是我们签了一张简单的寄卖字据。中年男子在字据上签了名。我一看他的签名，才知道他叫陈本铭。看着他那张黝黑的脸，那双微笑着的温和的眼睛，那对透露着厚道的双唇，我由衷感觉到，这是世界上最诚实和赤诚的人。他告诉我，他是越南华侨。接着，他回头招呼他的同伴们——大约四五位——在他们和我之间做介绍。他们都在书架那边看书，一听介绍便抬起头来和我微笑问好。他们的神态大致和陈本铭差不多：朴实、谦逊、温和、厚道。他向我介绍了他的那几位同伴，我记得其中有一位就是陈铭华，也就是《新大陆》诗刊的主编。

我本是写诗的；我本生活在童话般的诗里或者说诗一般的童话里。来美后，我的人生从外到里又从里到外发生了天翻地覆的巨变。我用诗，写下了我这诗歌丧失的人生桑田沧海：

时间的水
忘却在流逝

春寒，战栗
雪道，足迹
反光的玻璃镜
迟疑的手指

数不清有多少
机械的嘴唇
冰凉的鼻子

僵硬的目光
对着呵斥，讽讥

忘记了灌木林
小松鼠
木头房子
小花鹿

忘记了伤痛
泪珠
甚至微笑
甚至轻抚

——飘撒的头发
金色的沙滩
海鸟飞去
银色的波浪
深奥的眼睛
苍茫的天空
森林迭起
辽阔的风

跑呵，沿着深深的裂谷
跑上紫色的岩巅
五彩缤纷的小花
坚硬的峰峦

记起了灌木林
小松鼠
木头房子

小花鹿

记起了微笑

轻抚

甚至伤痛

甚至泪珠

生命回归到起码的温饱基本面，它于是生出了硬硬的、诗歌暂时穿不透的老茧。

然而也许因为在麻木的表层底下，我心灵深处的触角始终内藏着那一份对诗的敏感和温柔，我将那几本《新大陆》诗集放在了书店显眼的位置上；我也会抓住机会向我认为可能对诗感兴趣的客人推销那几本诗集。

不久以后，书店来了一位年青的诗人，他自我介绍说他叫达文，他的朋友们向他介绍了我这家书店，所以他就来了。他很健谈。他站在我的柜台前，和我聊了很长一段时间。大都是他在讲，讲的大都和诗有关，内容我记不清了，隐约记得他提到说，当今的时代里，诗人很寂寞，很清贫；诗人也必须能够承受住这寂寞，这清贫，方能成就点什么。

他穿着简朴，看上去绝不富裕，就像他的新大陆同仁们那样。那天达文走了以后，我拿起来一本《新大陆》诗集，那里面有达文的诗歌。“新大陆”，一个我并不陌生的词语。记得当年北大学生搞民主选举期间，有人办起了一份名叫“新大陆”的小报刊。“新大陆”，是载梦、运梦的方舟；“新大陆”又是那梦的本身。然而有种东西似乎比梦还纯真，还珍贵。那就是我从陈本铭身上，从达文身上，从这一整代“新大陆”诗人们的身上所看到的人的童真和质朴的本性，更重要的，还有他们在艰难的环境中对那份童真和质朴本性的坚守。

有个阶段，陈本铭成了我书店的常客。说常客，倒不是说他多常来，而是说过些日子他就会来光顾一下我的书店，少少买一两本书。我看出他生活并不充裕，总会给他打打折扣。有一次他来买书，写支票的时候他告诉我，他得了癌症。

我的心砰然一跳。我看着他那双写支票的手，粗糙的手，写诗的手，也是从越南到美国，一路艰辛劳作的手……收下那张支票，我心里不安详。

陈本铭来得少了，那几本《新大陆》诗集就那么一直放着。好不容易，后来好像是被我推销出了一两本。

书店经营维艰，瞻前顾后，百般无奈中我决定关掉书店。我因此打电话给陈本铭，通知他来把书取回去。我心里也挺想他的，惦记着他的病情。通了几次电话，过了好一阵陈本铭才再度来到我的书店。那次他看上去有些疲倦，甚至有些憔悴，笑得也比较勉强。

那是我最后一次见到越南华侨诗人陈本铭。

2000年到2002年之间，那时我的书店早就关了，我也已经做了电脑程序这一行。有一次，不知为了什么事，我无论如何想不起来，也许是为了问候，也许是为了诗，或者都有，我往陈本铭家打了电话，我还一直保留着他的电话。

接电话的是一位女士。她声音低沉，很简单地告诉我：陈本铭已经不在了……

我心惆怅，我心忧伤。一个赤子诗人，就是那么样地淡出这个世间。我为自己当初没能帮他多卖出几本诗集而感到沉重和负疚。

对一个真诚于诗，热爱诗的人来说，诗，就是生命。海子是这样的一位；远渡重洋，从越南到美西的陈本铭，也是这样的一位。

诗，是一种写生；诗，写的是生命。底下是陈本铭在《月正》一诗后面写的后记：

……这组小诗就在不同的病房面对每口不同开向的窗酝酿写成的。每次入院，我都背了一个背囊而去，那样子像是去露营，囊里除了必需品和衣物外，全是书籍、诗集和校选给诗刊的稿件。我住的是单人房，一切活动都不会影响别人，读书、看电视、听音乐、写诗、校稿皆自由自在，唯一的牵系是静脉血管里拖着针药，长长的塑胶软管尽头连接两座药控器，使我顿觉人的躯体皮囊不过是在死和生之间漂飞的纸鸢……九五年三月廿八日

诗，在陈本铭那里，比那些药袋针管还要重要。这是他的诗《经常的来客》：

经常的来客

——致死亡

面对着你，我仍然活在，无异幽了你一默。
当我不在的时刻，却幽默了自己。

我知道你会来
你会来　迟或早的问题而已
因为你是经常的来客
企图偷窃我的记忆
趁着完全柔软的一刻

有时候　你坐坐就走
或者我们以沉默聊聊天
但你的眼神总那么专注我的
等待它光彩殒灭吗?
而且拒绝我预备的饮料

我知道我家的
茶　带点香味的暖
咖啡是烫口的浓郁
而你属于冰冷
我昂高的谈兴让你没趣
当你讪讪地要离开
我只好打住话头　说：
有空再来
九八年十月十一日

一个在生死之间穿行的人，悟出了这狭路相逢中的真谛;那真谛里带着些许幽默。

这是在生死之间蜿蜒的诗行。

日子越久，我越能够体会和理解《新大陆》诗刊草创先驱们的执着和不易，越能够欣赏他们的那一份坚持，他们的团体精神和对文学孜孜不倦的追求。十七年后的今天，我抱着同样的文学追寻来到了中国艺术批评网站，我很快喜欢上这里的诗歌。就在我的《无人诗抄——华语新诗选读》方兴未艾时，中批诗坛来了一个新人，名字赫然叫做“达文”！从他的文字上看，我确定他就是我十七年前在我自己的书店里际遇的那个诗人无疑。不过，我并没有马上告诉他。

几天后，我到了他的新浪博客。打开他的相册，我慨叹不已：当年我见到的那位“年青的诗人”，如今已是红秋中年；而我，也是。我翻到了他和他的“新大陆”同仁们的旧时合影，里面，就有《新大陆》创始人之一的陈本铭！还那么亲切，那么和蔼，那么有礼貌，像一位谦谦君子。看着看着，我眼睛泛潮。

我在达文的几张旧照底下留了言。有趣的是他因为不知我缘何伤感多叹，每道回复都显得傻气十足：

虔谦：看书、读诗忆往事，泪涌……

达文：干嘛那么激动？

虔谦：造物留痕，人生留痕……

达文：也就点涟漪，风平浪静

虔谦：往事如烟……

达文：才十几年罢了，也算往事啊？

读着他“不明真相”的回复，我自己会心一笑。

下面就是我从他的新浪博客里抄录下来的他的几首诗：

在尘埃的篱笆间

在尘埃的篱笆间
黄昏静静地躺着
漂洗炊烟

几声归巢的鸟鸣
进入森林的陵墓里
使山变成剪影

月亮
撑起水的殿堂
把泪光晾在天空

与朦胧的河面悄声细语
风
踏着自己鳞光闪闪的影子远去

祈祷

有人在树下铲土

从晨光开始 当阴影退缩
有歌声涸和炊烟
有青草
抚摸流水
如果我们这样离去
也就像扬洒过的泥块
带着半空的梦
散到山背后

我很喜欢《在尘埃的篱笆间》和《祈祷》两首。《祈祷》让我不禁吟出两句来：人生半空梦，山后水无声。《在尘埃的篱笆间》有着田园诗的意境和境界。它那：暮色漂炊烟，山空成剪影，月光泪撒天，水上风粼闪的情景描写，在一定程度上已经超过了中国古代的山水诗。有关这点，我计划另文探讨。

达文的个性签名句是："写诗而不被称为诗人是罕见的福分。"我不知道他为什么这么想。也许是因为今天诗歌的命运，和十七年前相比，也并没有好出多少。问过他，他只笑答：只是自己的所好吧。

我想这是最好的回答。爱诗者，不计较诗的命运。爱诗的人，不管是否被称为诗人，他/她都是有福气的人。从那虔诚的、炽热的心灵里流出来的诗句，是人类最圣洁的文学。

十七年弹指瞬间，许多事今天想起来依然栩栩如生，历历在前，热气不散。这一切，都起于诗的因和缘。你要问这诗歌的缘究竟是什么，我琢磨着，诗歌关情，诗韵咏志，诗絮扬梦，诗句行魂。那情爱，志向，那梦想，灵魂，就是诗歌的缘。你要再问这诗缘有多大，我想象着，它至小入微，至大充廓，它把人带到筋骨血气到达不了的地方；它滴水穿石，至柔至刚。

这样的一种缘，把爱诗的人们——认识的不认识的，天涯的海角的，年长的年少的——联系到了一起。

今天，《新大陆》诗刊已经发展成为北美最大的华人诗社之一，每每想起她的草创期，那些诗歌新大陆的开拓者和奉献者们和他们的文字，我就会心生脉脉温情、由衷敬仰和良好的祝愿。

（《新大陆》诗双月刊，2011年6月，总124期）

简单的我，琐碎和创作

我们的网站管理公司前天又爆大失误，致使顾客账户和订单发生混杂和重复，搞乱了我们的数据库。于是我的老板，也就是 IT 经理可林一状告到对方的高层管理那里去。信中可林列举了我们公司因了这次事故而投入的人力物力。一张名单上，从公司高层领导开始列起，到我的时候，是最后一个。

“从最大到最小，”我开口评论，嘴巴应该是撅着的，“我的名字总是排在最后一个。”

“是啊，”身边的阿列克斯说，“你瞧瞧你自己，才多大个头？咱公司个头最小的，大概就是你了。”

我不说话，嘴巴应该是撅得更高了。和我同事九年，对我知根知底的格瑞格赶紧凑过来，说：“马格丽特，这么说吧，假如把个头除以能量，你是咱公司能量最高的了。”

我装着一副谦逊样，心里却是甜滋滋的，嘴唇也终于往两边咧。

可见，“小”是我的特点之一。我的体重只有我一位同事的弟弟的三分之一弱；我的身高只有公司最高个儿的大概三分之二强。

我最胖的时候是刚到北京的第一个学期，北方的玉米粥馒头，居然把我吹胖了起来。一百零六斤上下，从照片上看，不论是脸，还是整个身体，都呈圆形。

我的梦想之一，就是回到一百零六斤，回到圆形状。可是大学第一年以后，除了怀孩子的时候，我再也没有回到那个水平过。生孩子以后，最重的时候好像到过九十六磅。后来节节败退，现在不敢称了，大概九十都不到。

不知道是全然出于喜欢，还是也有不得已的因素，简单成了我生活形态的主轴和特色。说喜欢是因为我深信简单本来就是人和人生的初衷和本性。这里所谓的初衷和本性是从造物的角度上说的，意思是上帝创造人的时候，本意是赋予人和人生简单的属性。

我的生活里有许多的“一”。举例来说，基本上，华人和洋人的超级市场，一样我只去一家。基本上，我只用一种肥皂；洗发液，我只用洗发和护发一体的那一种；我只穿一个牌子的鞋，平跟鞋；寄宿时，我只用一个碗，一双筷，一把勺。晚餐我只吃一样：就是米粥下鸡蛋和咸菜。在班上时午饭我从来不开车出去特意购买（费车，费时，费钱），从来都是买足了五天的份，半小时以内解决午饭问题。简单是我的生活形态，所以例子是举不完的。

和崇尚简单相关联，我也崇尚纯朴的东西：精神的，物质的。基于同样的理由：我相信纯朴是造物的初衷。

对简单和纯朴的推崇和实践，应该和我童年的年代有关。那时候，没有什么哗众取宠的或是高智力的玩意儿，我经常玩的游戏也是我最喜欢的游戏，也是和自然相互合拍的游戏：玩石子沙包，踢毽子，跳绳子，或是干脆赤膊上阵玩躲藏和追逐。

我最喜欢的颜色是蓝，因为蓝是世界最初的颜色。我最崇尚的品德，不说您也知道：虔诚谦虚。除了写作以外，我最大的爱好是听音乐。音乐，超越了语言的匡囿，以它无与伦比的各式旋律和曲调：磅礴、美妙、婉转、奇伟、忧伤、悠远和辽阔，给人的心灵以无比的宽慰、鼓舞、同情、激励和宁静美好的享受。

我有一个小小的毛病，就是每次雨后，假如看到地上有蚯蚓爬出来，我会尽力地一一把它们送回有土的地方去。我知道，蚯蚓出土，无异于自杀。

“小”的特点是形体上的。说到精神，我相信自己并不小。自我感觉，我的心有种柔性的张力，相当大的柔性张力，它朝四面八方去，也向内去。这张力，使得我能够触摸和感觉到寰宇间的许多东西：天涯的，咫尺的，巨大的和细微的。这张力，是我创作的内力所在。

说到创作，对我影响最深的作品是安徒生童话和雨果的《悲惨世界》。中国诗歌，古代、现代和当代的许多诗歌，对我也有着很大的撼动。

我最擅长的文学形式是散文和中、短篇小说。小说我自己最喜欢的大概有：长篇小说《不能讲的故事》和《一天就够》，中篇小说《南闸口》、《情尽向阳坡》和《痕》，短篇小说《佳思地 77 号》、《天天和五个男孩》、《雨夜奇遇》等。

《不能讲的故事》可以说是我整个小说创作乃至文学征途的处女之作。令我惊奇无比的是，虽然有许多处女作的痕迹，今天我读起来，仍然会流泪，仍然会心跳。这部小说内在的人性力量和人生光彩有着永久的价值、美感和动人能量。

《情尽向阳坡》是女人的纯情作品，一个含着淡淡忧伤的三角恋爱，体现与病人有关的人情事故和人心冷暖。

《南闸口》以“文革”乡镇为背景，以可读性非常强的文笔和故事情节，从一个侧面描绘和反映了那个特殊时空里的人情世故、人心的悲情和期盼；以朴实柔美的笔触，写出那个水火岁月里依然倔强存在着的人间情爱和人性最基本的诉求。

眼下，我正在编写读诗笔记：《无人诗抄：当代华语新诗选读》。之所以写这个系列，是因为我读过的那些诗歌太好了，希望它们多多流传。

没有再写什么小说的近期计划。假如还有精力，我会多写散文。

对了，我大儿也写散文，还常登在校刊上。他最喜欢喝的饮料，是 FUZE 牌的健白茶、健绿茶和健黑茶。这是一个非常健康和有营养的饮料系列。我一直买来给他喝直到商店里不可思议地再也不见它的影子。最近我惊喜地发现我公司的饮食机里竟然有的买！于是一周一次，五十英里，每次回家后，大儿见我便格外开怀，知道我车上有宝贝；当然，也是欢迎他那琐碎的、爱做文学梦——那梦有多大等公开了他的高考作文后您就知道了——的妈妈的到来。

（创作于 2011 年年初到 2012 年年底）

当了十一年“军人”

——在明暗交杂中，我的岁月就这样箭般流逝……

十多年来，我一直过着我所谓的“军人一般”的生活。这不仅因为事情多，时间少，还因为总有上班不迟到、工程要按时完成及保持体力的问题。

军人般的生活意味着：简单、规律和准时。

简单：我只去一家超市，一家理发店，一家教会；只用一种洗发剂，一种肥皂，一种鞋子；午餐、晚餐千顿一律……这么多的“一”，无形中让我多出了一些时间和精力。

规律和准时：什么时候睡觉，什么时候起床，什么时候做体操、走路、洗澡、洗衣服、买菜、浇花、叠衣服、洗车、做饭……不能拖延，因为没有拖延的空间。要是知道第二天实在有事，那么第一天就得把该做的事全做完。

我一天花在公司工作及相关事务的时间大概在十个半小时左右。那边做完了，这边留给自己的时间就微乎其微。几年来我一直坚持利用这点时间写作，结果是搞得自己疲惫不堪。比如晚上十一点多休息，早上六点钟甚至更早起床，然后紧着赶文章。等半点钟一到，我实际上已经工作了两个多小时了。这么累怎么上班？只好一边开车一边做深呼吸。在从停车场到办公楼入口处的这么一段距离里，我居然就能闭着眼睛走路，让自己这么在行走中休息。

军人还意味着——离开家庭……

一般当兵也就三年左右吧？想来我已经足足当了十一年兵了（寄宿十年，离家一年）。能不累吗？身心皆乏。很多时候我都觉得我支撑不下去了……军人的生活过惯了，要让自己过一点“女人”的生活，反倒有些不惯了。想象一下“女人”的生活有多么复杂。我原来的同屋罗米，从听见她一声水龙头响到她走出卧室大概要一个半到两个小时。那时候她亮丽得浑身上下闪烁，犹如好莱坞明星。她那是，不仅从头发到脚趾甲全副武装，而且作为身外之物的包和鞋子等也丝毫不能马虎。作为朋友我不能不由衷赞美她，她的美丽和精神头。

和罗米相比，我的衣饰简直俭朴至极。不过说老实话，到了公司几个回合下来，从老板到同事，都津津喜于和我逗乐。我已经获得了“忍者松鼠”、“Yoda”、“恐怖斗士”等等“美称”。不同的人性，不同的宿命，不同的活法。说到生命，我想，真正能使我闪烁的，大概只有我的文字。我的文字是我的本质；战士般的生活，只是它的形式吧。

十一年“军人生活”，加上一项最大的我至今无法启齿的难事，还有那些普通人生都要有的诸般杂味，构成这趟人间行的重负和无奈。想看破红尘，却没有这份奢侈。明就仁波切写书说:“你是幸运的”。人皆有命，包括命运和使命。乐天知命，就构成人的幸运和平安感吧。感谢神。

孤独的寻梦人……

（在汉新小说颁奖典礼上）

百尝文学梦（01）安海

在经过了春天的劳作后，盛夏是期盼的日子，也是等待的日子。突然想起来写这个系列，大概因为期待如歌如河，这些文字就成了这条长河中闪烁的波澜，也成了这首曲调里婉转的韵律；又大概因为，到了长亭了，该坐下来回首来时路，该想想前面的步履如何迈，何去何从。

那天坐大儿的车出去吃饭的时候，他和我分享了他对成功的看法。大儿在中学生演讲生涯中可以说是取得了巅峰的成就。可是现在说起来，他并没有特别兴奋的感觉。他说："谁还记得我取得过全国的第二名呢？结果本身是次要的，那个过程才是主要的，那个过程才主要雕塑一个人的性格并因此影响一个人的人生。"

我曾经写过一个十集的系列《百尝美国梦》。这个系列的成就后头的章节会提到，这里只想说我写那个系列的时候，脑海和眼前全是过程，电影般的过程，我艰辛走过的每一个瞬间和体验到的每一道滋味。没有那个过程，就没有今天的我。

我问：上帝有梦吗？我答，上帝也有梦。我想象创世前的一刻，上帝心里出现了一幅绚丽多姿的美丽图景，上帝的能量跟着一动，一语既出：要有光！于是时间和空间，天和地便开始了它们美丽的媾和。

我的文学梦开始于什么时候？肯定不是童年，但是童年的时候，那个基底已经形成。

我常以出生在小镇为荣，特别是我的小镇和名镇绍兴还有几分类似。福建，晋江，安海。虽然要在很细的福建地图上才能看到安海这个地方，但是这无法掩盖安海的人文蕴藏。安海有个醒目的"海"字。她有着朝海的地理优势。她北接泉州，南达厦门，东通东石港，西邻水头镇。在唐朝安海港一度曾是泉州主港，从而在海上丝绸之路中扮演过实质角色。唐至五代繁荣的经济所积攒下来的实力，使得东西两桥的建造成为可能。宋代两桥的建成使得安海东进（往日本、韩国）和南下（南亚地区）的海洋商业经济活动如虎添翼，反过来促进了安海及邻近海港的商业发展。西桥就是安平桥，世界上最长的古石桥，全国重点保护文物。一个小小的安海镇，有自己的博物馆。除了这条古石桥外，还有建筑于隋代的龙山寺。安海龙山寺我儿时去过多趟，它古朴敦厚，四落恢宏，是后来台湾龙山寺的祖寺，也是省重点保护文物。此外还有白塔、古庙、灵源山等等文化古迹。安海所属的晋江出了李卓吾这样伟大的思想家，甚至大儒朱熹也和安海有过牵连。

文学批评家谢有顺指出:作家要有自己的写作根据地。我在想，我的写作基地，应该就是以安海为中心的闽南了。我第一篇被发表的散文是我高小时写的作文:《安平桥抒怀》。我近期获得全国性比赛一等奖的散文写的还是安平桥 :《松蕾撒满安平桥》。我的短篇小说《银女》、《颖颖》，中篇小说《痕》、《南闸口》，长篇小说《不能讲的故事》，它们的假想地点都围绕着安海。

这个其实非常的自然与合情合理。我赤脚走过安海的大街小巷,走过她的田埂、塘边、野岭和草坡。她的石板街和沙地，那质感我至今能感觉得出来。犹如《酒干倘卖无》里唱的 :“多么熟悉的声音，陪我多少年风和雨，从来不需要想起，永远也不会忘记”，我至今耳边仍常响着安海街头和邻里之间各种各样的吆喝声、骂声和笑声。

现实主义作家必定要写自己熟悉的。

百尝文学梦（02）我演李铁梅

天性，就是上天赐给的本性。女孩子生来爱美，与此相关，在一定的条件下，女孩子也比较爱表现自己。小时候我有爱表现的时候，但是在打扮方面我却从来不是一个精致的女孩。

看这副样子是不是有些又爱表现又扭捏……头发应该是奶奶给理的。长大些后姐姐也帮我理过。记得婶婆也帮我梳过头发。

这两个女孩中，哪个比较粗糙，哪个就是我。就是这头短发，惹得爷爷伤心：他不要我剪的。每次看到这张照片，就感到那个我从来没有变。

进入小学不久，我就被老师选中，进了跳舞队。我的跳舞从来没有接受过任何专业训练，纯粹自己心想体动，手舞足蹈。说到化妆，都是老师给化，记得我是最没耐心的那一个，老师还在我脸上动手脚，我的头就开始扭，脚也跃跃欲挪。

“还没好啦，好好站着别动！”最疼我的杨老师也是在这方面骂我最多的人。

在我童年的舞蹈生涯中，我拥有一大批成人“舞粉”。他们喜欢我，他们说我跳得和笑得就是像个孩子：纯真无价，烂漫无痕。

我的那些童年特性，粗糙的和纯真的，可以说从来就没有改变；以前没变，现在更不会变。它们的精灵也无可遮拦地渗入我的文字之中。

初小时样板戏正时兴，我被老师选中演李铁梅。李铁梅，我儿时的激情，也是我儿时的痛。我演的李铁梅，几乎是印进了当时安海人的心头，但是我的嗓门却完全不理会我的表演和情绪。一到调高处我就唱不上去，只能换成那种我从来摸不到门道的假声。我的假声是那样的微弱，微弱到进不到扩音器里去。每当假声上不来劲时，我就会感到台下观众/听众的骚动。

还没说到文学，但是有关系，这挫折感是我今生的第一遭。

有一次，我在台上演唱《听奶奶讲革命》。那个曲子中间有一段紧凑的过门，过门时我要往前小跑几步，然后转一圈，然后做一个高举红灯的亮相。那段戏我上演多少回了，都非常成功。可有一天晚上我却运气不佳，台上铺的油毡布太滑，我在做往前小碎步奔跑时重重摔在了台上。

当时也没有想很多，只想到不能让事情更糟。于是两只小手撑着地，很快站了起来，立在了台中间，继续我的引吭高歌。

《听奶奶讲革命》演唱完了，我在一片掌声中回到了后台，杨老师二话不说就把我揽入怀里："好样的孩子，好样的！"在我的记忆和感觉上，那一天晚上的表演是对我抗失败能力意志力的第一次检验，我第一次接受失败的洗礼。

我有非常倔和顽强的一面，这一点也许真的和李铁梅合拍。

转眼就到了高小，我对舞蹈和演戏的爱好也到达高潮。好不容易来了个机会，说是省歌舞团的人要来招收学员，为了这个我天天做跳舞训练。等到应征的时刻，歌舞团的人检查了我的体型，说了句：你的身材不合适，你不会再长个儿了。

跳舞梦断，从此我失去了跳舞的自信和兴趣。进入中学时，我"自惭形秽"，远离了学校宣传队。现在想起来，那是我这辈子的第一次梦碎。

我在《梦碎了，东一片，西一片……》这篇散文中写道："有梦，不一定有梦圆，但是有梦，一定有梦碎。"我的厦门老乡以实玛利评论说：真 TM 深刻！

其实也没有什么深刻，把经历和感受演绎成文字，就成了那几句话。

百尝文学梦（03）弃石从医

当初写籍贯时我一直都写的惠安，但是我直到去年（2011 年）才首次探访我的祖辈故乡。我们家祖祖辈辈都是惠安人。祖父是惠安石匠，祖母是惠安农女。祖父是长子,非常能干和持家。祖母既勤劳又聪慧,长得端庄丰满。祖母曾和我回忆说：她家非常贫寒，平时衣着破旧，但是爷爷还是喜欢上了她，并且专一一辈子。在那个年代里老家二妻三妾的人还是不少，作为从旧时代过来的女性，祖母在这点上既对爷爷感恩，也颇引为自豪。

爷爷

爷爷奶奶在惠安劳作生活，日子还算安宁，直到有一次二叔公捅到了土匪窝。事情闹大了，爷爷只好领着全家老小匆忙离开故土，南下另谋安生地。爷爷挑着担，一头是我的曾祖母，另一头是我的大姑；下一顿饭在哪里吃，不知道……爷爷就这么带着全家风尘仆仆到了泉州南边约三十公里处的安海镇。安海处于几个中等城市之间，依山傍海，人文丰厚，人情味足。爷爷喜欢上了这个小镇，认定它潜藏着谋生的机会。于是全家就这样在安海歇下脚，落下了户。

到了安海爷爷做的一件事就是放弃打石，当上牙医，一切从头开始。鲁迅弃医从文或有高尚目的，爷爷的弃石从医则是生活所迫，一家的重负使然。从医之后家里经济转稳，爷爷便有钱支持父亲和母亲的学业。曾家祖祖辈辈不识字，父亲成了家里第一个状元。那时候从安海到厦门颇费周折，旅途并不容易。父亲告诉我爷爷送他到厦门大学念书的情形，宛如就是朱自清《背影》所述情形，那个背影让他永生难忘。

爷爷奶奶都是坚忍勤劳而又聪慧的惠安人，父亲时常说要是爷爷奶奶识字，不知要做出多少出色的事情。其实在我看来爷爷奶奶已经非常出色，至少不会比我这个文学经历多过他们许多的孙女儿差（我是真的这么想）。爷爷离开惠安并弃石从医改变了父亲的命运；父母的文化生涯对我这一辈子有着深远的影响。父亲告诉我爷爷，当初其实很想他能继承牙医职业，无奈不是父亲所乐意，爷爷也就没有强迫他。

在厦门大学学习期间，父亲主攻古典戏曲，母亲古典诗词。父亲母亲大学毕业后，一起先后执教于北京电影学院、安徽艺术学院、泉州华侨大学；还曾任安徽人民出版社、安徽省文联及安徽艺术出版社责任编辑。退休回家后，父亲出版或参与著述的书有：《晋江当代著述录》，《晋江历代山水名胜诗选》，《晋江历史人物传》，《文史千字文》，《闽海人文》，《一个知识分子的生存空间》，《安海港与安平商人》，《海王郑芝龙》等。2011 年辛亥百年之际，住在闽南一隅的父亲接受了来自中国新闻网等国级省级媒体的采访，他的研究成果“安海打响辛亥革命福建第一枪”，连同他的“一杯茶，一支笔，一本书”的生活情形，随着媒体传遍全国。

父亲和母亲的部分著述

父亲近作《安海港和安平商人》

惠安女，惠安的灵和肉

惠安是石刻之乡。崇武海边的小石桌，酷似爷爷当年在家的天井里添置的那个小石桌，边上有一株高高的爷爷亲手培植的玫瑰

天蓝色的崇武，海边的马驹

百尝文学梦（04）成名成家

小学是爱玩的年岁，我也不例外，特别是在那样一个白专无用加可耻的年代。整个小学时光里，我的小女伴们几乎天天一放学就往我家跑。跑来干什么？当然是来玩，顺便比较轻松地把作业做完——有我的为标准答案。那时候玩的花样其实不多，基本上就是跳橡皮筋，踢毽子，沙包或石子，跳绳或跳格子等。有时候也会跑去户外玩捉迷藏、赛跑、冲关（基本上这是一种比速度和勇力的游戏）等。不过初小时还有一个特别节目，每当一进我家门，女孩子们说着笑着推扯着，情绪到了兴奋点，竟会就地躺下来翻身打滚！父亲每次和我回忆这个，都会忍不住大笑，接着又会感慨时光如梭，当初躺地上打滚的女孩子们，现在都是人妻人母了。

虽然觉得可爱，但是父亲从来都限制我和女伴们玩的时间，这个时常叫我扫兴和难堪。因为父亲常常会在我们玩到兴头上的时候把我叫进他的房间,不是一通训，就是递过来至少一本书，相当厚的书，要我读。从小学到中学，父亲让我读的书不少，也蛮有系统。由于我从很小的时候就显示出对诗歌的兴趣，所以父亲先让我读诗:普希金、拜伦、雪莱、歌德、席勒、济慈、泰戈尔、裴多菲、惠特曼、聂鲁达、涅克拉索夫、马雅可夫斯基……接着就让我读小说 / 戏剧：托尔斯泰、果戈里、屠格涅夫、契诃夫、莎士比亚、狄更斯、雨果、巴尔扎克、罗曼·罗兰、司汤达、莫泊桑、大小仲马、安徒生、马克·吐温……等到外国近代文学读差不多了，父亲又打回头让我读中国近代文学，诗歌散文小说都包括在内。虽然读得不少，但是毕竟年纪还小，我不是神童类，也不是博闻强识的那种，读那些东西大部分感到枯燥乏味，就是读爱情诗也读不出滋味来，小小丫头懂什么爱情呢？我想正是因为年纪太小的缘故，当初读的东西大都没有怎么记下来。

姐姐和我。姐姐读过的书不比我少

然而有一样东西倒是随着那些名人名著潜入了我年幼的心田，那就是成名成家的观念。我读着那些作品，心里不由得想:那些人，离中国那么远，离现在那么久，他们的作品和名字居然能跨越时空流传到中国来；他们人不在了，可英名常存。父亲时常对我说：要成为一个有用的人，而不是碌碌无为的人。碌碌无为的人的反面是什么样的人？大致就是名人了吧。平时父亲的那些教诲，加上读了那许多名人名著，名家思想不在我心底抬头也难。

不过后来，特别是出国以后，我逐渐摒弃了名家意识，取而代之的，是穷尽个人独特的生命之美的意识和意愿。其实这两种意识和人的金钱欲一样，走到极端都是一种拼命意识，都是危险的。有时候我觉得自己很淡定，读者朋友也这么说；但是其实我自己知道，从幼年时代的成名成家意识脱胎换骨而来的“拼命”意识时常主宰我，我生命里少有老子无为而治的哲睿，也少有庄子齐万物的洒脱，“拼命”没有其他解释，我美其言为“穷尽生命的极致”，其实它们一个意思，就是拼命。

拼命，倒不为名利，只觉得自己来这个世界一遭定不偶然；不偶然，就不要虚度。其实不偶然还包含一个意思：命定。所以近几年来我也开始接受一种原先没有的思想，那就是人皆有命。

信命其实是相当积极的。人生很多顽固的东西,都可以融化在命运的威严底下;命运把一个人引上恬静之路，各式各样的躁动和不甘，都可以在一个人对命运的意识和折服底下慢慢化解，人也逐渐趋于平静和坦然。

孔子说五十而知天命，应该就是这个很灵的理吧。话说回去，我还是喜欢大江大海，层林叠涌的景象。我还是相信生命当如是。而文学，就是一个人心魂的霞光和生命的潮涌。

2006年二度游大峡谷的路上登上了红石谷

谁点万盏灯，照亮大峡谷……

世界的初衷本如是：太皓湖 Lake Tahoe

优胜美地巨树丛林

密云水库边裸露的原野

在南卡罗来那

忘了说了，父亲在让我读一个作家的作品前，一定尽量让我先读他/她的传记。有时候是专门的传记；有时候没有专门传记，他一定督促我先读书前面的作者介绍。

百尝文学梦（05）日记豪情

我初小就开始写日记。这个习惯一直保持到大学毕业后，甚至出国了以后我偶尔还会写。现在想起来，当初写日记，不知就是天性爱写，还是受了雷锋日记的影响，也许都有。不过我这个人比较感性，很容易受感动，很容易激动，应该也是我遇事喜欢诉诸笔端的内在动力。

小时候日记的内容，除了每天学生生活的点滴外，有许多内容是和毛主席的话、和马克思主义毛泽东思想有关系的。那是准绳，凡事都要拿那个准绳衡量一下。当然，独立思考的时候也是有的，不过更多的是一种学习、体会和自律，有时候也会偷偷在日记里写下对某位同学或朋友的不满。不满，因为觉得他／她的言行不符合当时的思想和道德准绳。日记里也有一些做好事的记录。

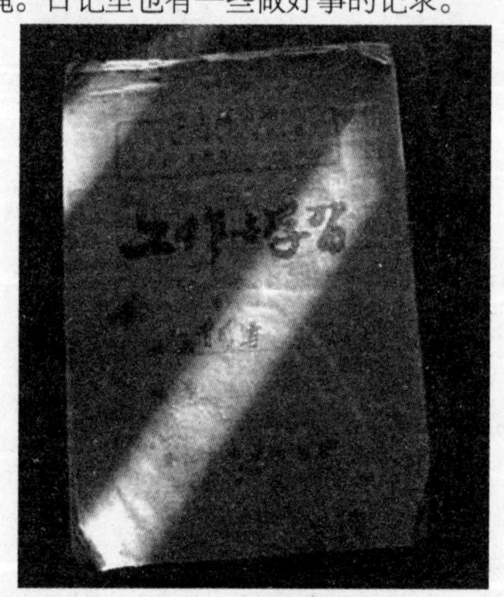

我最早的一本日记的封面

这本更“原始”，本子是姐姐给的，上头的字是姐姐给“题”的

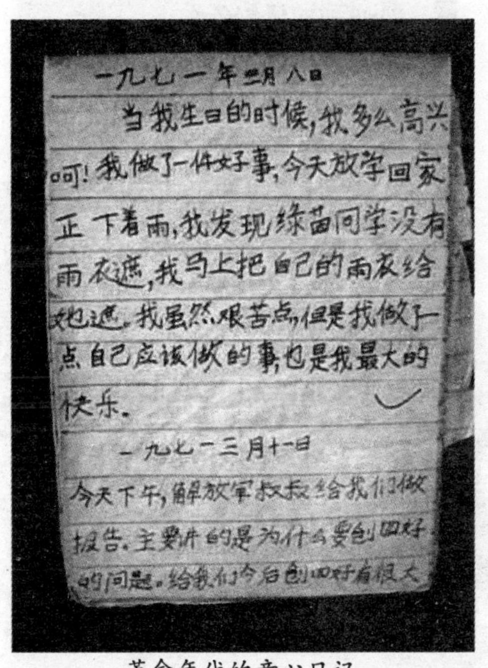
一九七一年二月八日

当我生日的时候，我多么高兴呵！我做了一件好事，今天放学回家正下着雨，我发现绿苗同学没有雨衣遮，我马上把自己的雨衣给她遮。我虽然艰苦点，但是我做了一点自己应该做的事，也是我最大的快乐。

一九七一三月十一日

今天下午，解放军叔叔给我们做报告。主要讲的是为什么要创四好的问题。给我们今后创四好有很大

革命年代的童心日记

后来我的日记本内容不断丰富，有名人名句，有我自己即兴写的诗——那是童真心灵的手舞足蹈。大约到了小学三四年级时，老师开始倡导和鼓励同学们写日记，说写日记对自己思想的进步和作文的提高都有帮助。

“现在你们是不知道，将来等你们长大了，回过头来看你们今天写的日记，会很有趣味的。”老师说，“很多事情现在不记下来，以后是记不得的。”

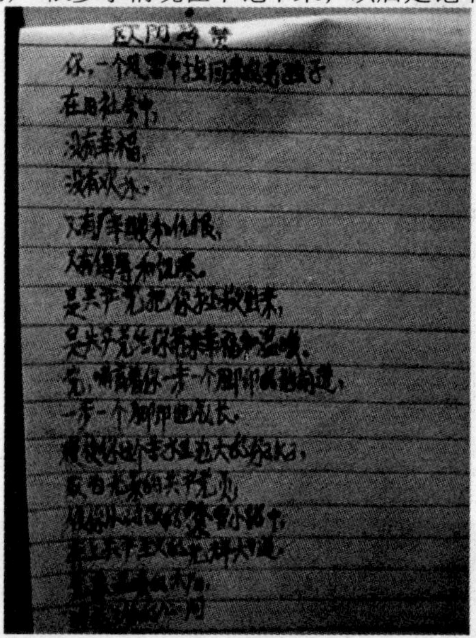

最早的诗

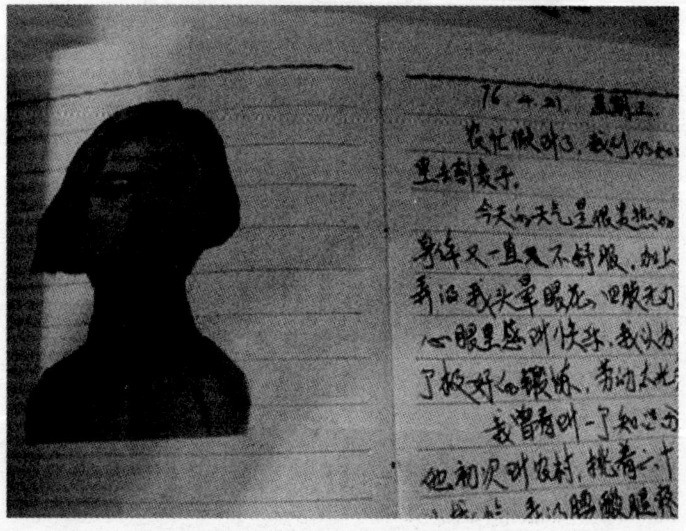

把刘胡兰贴在日记上

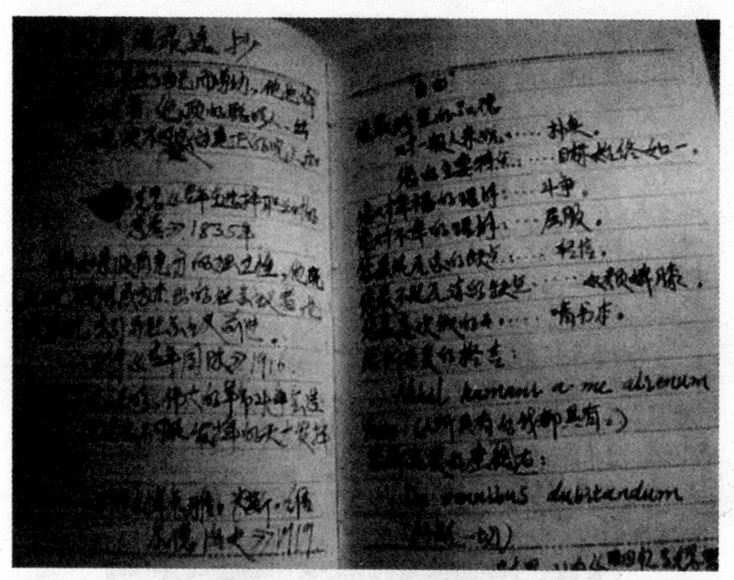

名人名句

听说我已经在写，于是老师有时就会把我的日记拿过去念给全班听。这个好也不好。好的方面是我写得更加带劲了，不好的方面是写的时候，特别是写那类雷锋式日记的时候，会自觉不自觉有这方面的考虑，写出来的东西反而不会特别自然和真实了。

当代的写作，是不是也有些这样的牵强？

不管怎么说，说日记是我写作的开始一点都不过分。写日记本身是我喜欢写的表现和结果，而写日记的过程反过来促进我的写作爱好和热情，提高我的作文熟练度。生涩的东西迅速在消失，从三四年级到五年级，我的作文可以说有了长足的飞跃。我一直记得第一次发表文章是在小学。不过核对旧资料后发现《安平桥抒怀》最后是高中才付印出版的。那篇作文被语文老师选中并推荐到了省出版社去出版。该作文经过了多次修改推敲，其中老师也提了许多意见。

安平桥抒怀

《安平桥抒怀》——我最早发表的散文

中小学期间和写日记并行的还有阅读，阅读英雄的故事。这些书籍我印象深刻的有《欧阳海之歌》、《红岩》等以及苏联卫国战争时期青年英雄的故事《卓娅和舒拉的故事》、《古丽雅的道路》、《青年近卫军》等。那些故事让我热血沸腾，给了我一种贡献的欲望和浑身是胆雄赳赳的豪情。

我画的画

再后来，又有英雄的歌曲，包括歌舞剧《东方红》里的组曲，《英雄儿女》里的插曲，《铁道游击队》的插曲……我们这一代，是沐浴着豪情长大的。

第三辑

感悟：我生命里的中流砥柱

乔布斯没有影响到我

乔布斯溘然辞世的那一天，万兰溪崖下起了今秋第一场秋雨，也是罕见的绵长的秋雨。

今年早春，我几乎是同时从同事那里和家里得知了乔布斯罹癌，且犯的是癌中猛症胰腺癌的消息。然而从两个来源那里我感觉到的却是十分不同的主观色彩。同事说：他活不到 2012 年的了。见我面露哀色，他又补充说：你不会喜欢他的，他是世界上最尖刻的老板。而家人说:唉，工作还是不要太玩命，你看，那么勤奋的、了不起的苹果总裁得癌了……

我不知道自己是喜欢他还是不喜欢他,因为那时我还不怎么知道乔布斯这个人。是的，当乔布斯的 iPhone 甚至 iPad 风靡世界时，我还不怎么知道他，更不必提我是否用了他的这两项划时代产品。

但是很快，我便了解到了他极其不凡的人生：他如何出生一周内就被送人，如何在车库里成立他的苹果公司，他后来的艰苦奋斗经历，他的勤奋、顽强和过人才干……我没有想到去买个 iPhone 或 iPad，但是我由衷敬佩他，甚至敬爱他。我不仅为他祷告，我还给他写过信。

事情是这样的。知道了乔布斯罹癌后，心里就有一种放不下的感觉。我于是到网上查询他的电子邮箱。查到了三个。我选了两个自己觉得比较可靠的，给他写了电邮，同时发到那两个信箱。有趣的是，我因为考虑到对方可能以为我是恶作剧而来追根，我也知道科技巨人的厉害，哪儿都能找到你，所以为了不必要的麻烦，我特意到一个公共电脑场所去发。我前后给他发过两次电邮。

电邮的内容是抗癌食谱和信息。我有位朋友是个健康专家，每次他来都要和我分享很多健康食品、抗癌食谱一类的资讯。刚好那天他来，告诉了我一个抗癌食谱，就是把各色青菜水果和一起搅汁，每天喝几次。朋友说这食谱来自一位得胜的抗癌勇士的书。我把食谱写进了给乔布斯的电邮，还加了几句良善和鼓劲的话，具体我忘了，只记得最后，尽管想到他也许是无神论者，我还是写下了“愿上帝保佑你！”

同事曾经笑话过我的“柠檬”疗法，所以估计乔布斯也不会把我的那封电邮当回事。

乔布斯的奋斗和他的天才创造及进取精神震撼了我。可是直到今日我也没有用过或计划用他的产品。我是一个崇尚简单和节俭的人，也许这样的人会比较保守。一般手机已经够我用的了，额外的功能对我实在多余进而浪费。我不常出门，iPad更用不大上。公司里正在为每位销售人员配备 iPad，但毕竟我不做销售。

这个世界总有伟人影响不到的角落。想到自己竟然是那个角落里的一位，心里难言悲喜，不禁深思浮想。史蒂夫·乔布斯说过一句著名的话：“牢记人类会走向死亡是克服我们患得患失毛病的最佳方法。”我想，牢记人类会走向死亡也是人类许多其他实践的最佳动力。这些实践有乔布斯已经力行了的，有的是其他许多人正在积极做着的。对死亡的不同态度，划分了不同的人生观和价值观。

没用 iPhone、iPad，不代表我不崇敬它们背后的精神。不被伟人影响的角落，不说明伟人的黯淡，也不体现那个角落的渺小。我站在那样一个角落里，不意味着我不爱伟人。我真的很敬爱史蒂夫·乔布斯。

（《美国都市报》，2011 年 12 月 17 日）

我被十二月的星空迷住

我被十二月的星空迷住。

I am fascinated by the starlight of December.

十二月的一天，我下班走出楼房。夜幕朦胧，我抬头仰望前面的夜空。天哪，越过树梢，一个明亮的发光体，光线四耀。那个发光体看上去不像是星星，因为星星没有那么大。不是星星，又在天上，那会是什么？飞机？飞机怎么悬着不动？难道是飞碟？或是什么天外的神秘来客？

抑制不住好奇，我走过去问公司傍晚在外面值勤的人员。

“你看，那是什么？怎么那么大那么亮？”

“那，就是星星吧，不是吗？”小伙子回答。

“星星？”我自言自语着纳闷。哦，应该是我的近视眼镜度数不够致使影像模糊的缘故。

第二天，我特意戴上度数较强的眼镜。再度仰望前面的夜空时，我一下子就被那颗美丽的星星迷住了。那颗星星，在远离月亮的偏西处，光度耀眼，光芒四射，光洁外溢。我一动不动凝视着，和她对望了许久许久。想起了两千多年前耶稣降生的那个夜晚，那些占星家看到了一颗明亮的星星，他们就朝着星星引导的方向前去朝拜，终于喜见婴儿耶稣。

问过朋友，他们说这颗亮晶晶的美丽天体应该是木星。另一颗离月亮较近的，也十分明亮的应该是金星。

第三天，部门节日晚宴在一个高尔夫俱乐部里举行。我站在外面，看远处万家灯火，再看头顶，一轮满月高悬，柔光皎洁。四周群星环绕。天上和地上的夜景形成一种对比。星空，没有半丝躁动，她全然净洁，全然安详。那一派远离了尘埃的光明，让我顷刻间忘了工作，忘了写作，忘了地上我追逐的一切，因为那一切，在那高远透彻的夜空映照下不仅显得暗淡无光，它们简直和那夜空没有关系。

天堂和地域在那一刻里分离。我在那一刻完全属于天堂。我为她的美丽、祥和、平安而神魂颠倒。

第四天，开车回家。离高速公路出口还有三英里处，交通大堵。转过一个弯，无意中抬眼望，我看见了一轮初升的月亮！黄色的，大大的，浑圆的月亮！这是地球离她最近的时候。我能看得见她上面的那些迷离影像。

哦，一连四个夜晚，我被这十二月的夜空深深迷住。突然之间，那些似乎记不清了的旋律重新回到我的耳边，我吟唱起了一支支圣诞的歌。每年圣诞节我都高兴，但是没有今年这么高兴，这么喜乐，这么有平安感。面临的挑战一年比一年大，靠神也就一年比一年近。清朗的无边夜空，她的光芒使我地上的烦恼忧愁黯然失色。她隐藏着我最深邃的希望。

星光灿烂，这是我今年圣诞节的感觉。

（《美国都市报》2012 年 12 月 24 日）

飓风过后话柔韧

家门口那条小街上，整齐矗立着一排高高的棕榈树。它们和我故乡的棕榈不同。故乡的棕榈树较矮，条叶繁茂松垂，有种热带雨林的特色。而那条小街上的棕榈树，枝叶稀落而坚挺，显示出沙漠植物的风姿。它们那么高，以致我看不清它们顶端的样子，只在有风的日子里，看见那些扇状棕叶在迎风招展。事实上，我在南加这么多年了，还没有见过比小街上那排棕榈树更高的同类。

家门口的那两棵，由于离水源较远，树干显得比别的细。我常常都在想象它们底下的根要伸展多远，多深，才能够支撑那么高的树身，才能够顶过漫长的酷夏里干旱的日子，顶过上方烈日。

我的想象是真实的。南加州圣盖博山谷十二月初的那场飓风，将多少大树连根拔起。汉廷顿大道上树枝纵横，致使车辆相撞，一片狼藉。我家车库后有一排柏树。其中一棵枝干被刮折，扑倒在车库屋顶，压梁碎瓦。这还算是轻的。从新闻照片上看，有大树压扁车身的，有压塌屋顶的，有掀翻水泥地横卧大道的……那时我心里担心着那排俨然是小城制高点的棕榈树。说担心，也不担心。因为我知道它们已经经过了几次大风暴的洗礼。

这一次是几十年来最大的一次风暴。这一次，那排棕榈树再次挺了过来。

我细细研究那并不显得特别粗壮的棕榈树干，我感到那些树干内部的纤维饱含着柔力十足的弹性。在大风中树身任凭风刮，显得相当柔韧顽强。柔韧，所以难折；柔韧，所以减轻了强风对根的作用力。这是棕榈战胜强风的最大秘密。那些刚劲的树，包括松树，终因柔性不足，经不起飓风的狂野而枝折根掀。

树如此，人更是。人一生的路上，不顺的时候多多，更不用提那些暴风骤雨，大起大落的日子。太过刚烈的人，或者太过脆弱的人，都有被折断的危险。柔韧，是强者的一个特性，是征服人生许多艰难困苦的法宝。

那排树是有福气的，因为上天赋予了它们如此强悍的本性。

不久前，离别多年，经历许多沧桑终得成功的老同学来探望我们。他特别喜欢小街上的那排棕榈树。他常坐在后院，欣赏着我家的红瓦屋顶和蓝天衬托下那一排奇伟秀丽的棕榈。“那是你们家最美的风景线。”他赞叹说。

我深有同感。那排棕榈树，不仅是我们家的一道风景，甚至不仅是我们街区的一道风景，它也是整座城市的一道风景线。它们立在那里，捍卫着小街上的家家户户，一次又一次地展现着它们的坚韧不拔；一次又一次地向人们显示：柔韧，它是上天的福佑；柔韧，它会反过来成为他人的福佑。

（《世界日报》家园小品，2012 年 1 月 4 日）

落英缤纷为哪桩

周六早晨六点半，晨氛清幽，街区一片宁静。我慢跑着，见一树，绿枝蓬松，叶呈针状，很像童年老家的木麻黄。临近一看，不是，因为它的针叶上没有“骨节”。又见一树，树干参差，很像童年爬过的龙眼树。仔细琢磨，不像，因为树上一颗果实也没有。

再往前跑，远处一团迷离的蓝，那是什么树？噢，应该是 Jacaranda，中文叫蓝花楹。离得越近，我的脚步就放得越慢。当看到那棵美丽的垂着蓝花的楹树底下一片落英时，我的脚步停了下来。我站在落英的外围，不忍踩到那些柔嫩的花瓣。

蓝花还在飘洒。“这楹树，为什么要这样把花洒落一地呢？不是会让人给踩烂吗？”我问自己。很快一闪念，不对，地球进化，有树的历史比有人的历史早出许多。记得在华盛顿特区参观自然博物馆时，那部科教片告诉人们，假如从地球诞生到现在算一百个阶梯的话，那么人大约是在最后一个阶梯上才冒出来的。那以前，草木自然生长，没有人去修剪它们，更没有人去砍伐它们。落花缤纷，有其自然的理由：比如种子繁殖，比如为土地和其他生物提供养分。也许，假如花有灵，这一地花魂还是为了点缀原野……这些我所谓的“理由”，体现了自然的生物链，自然界生物内部和生物之间自然的联系和互相依存。那时候，就是野火都对树有积极的一面。我们游北加州优胜美地巨树林区时，博物馆的人介绍说，优胜美地的巨树林区经历过大野火。熊熊野火杀死了树中蛀虫，从一个方面挽救了巨杉和其他大树。林中小鸟是树日常的防虫卫士，而林中松蕾和其他果实则喂养了包括小松鼠在内的许多生灵……一个自然保护区，充分反映了自然的生态：自然界本来的生命态势。

尽管“热爱自然”是人们常挂嘴上的口号，也俨然成了人的一项美德，但是人的到来本身，似乎就是对自然的反动。大片大片的土地和森林消失了，代之以巨大的城市及其建筑和设施。花瓣和种子落下来，不再坠入土里，而是落在柏油马路上，光这小小的一个镜头，便能透视人类文明充分发达以后自然生态的异化。

林黛玉在大观园里看到“花谢花飞飞满天”，触景生情联想到“红消香断有谁怜”。一把花锄在手，黛玉用心将花瓣细细掩入土中。多愁善感的她无意中顺应了自然的节律。

人开始意识到自然界的生态平衡也就是几十年前的事。从那时起，人陆续建立了各种法律来保护自然界的“设施”。人类固然是地球的一员，更是地球上唯一的智慧生命，但是如果人类的法则不尊重自然的法则，智慧是危险的。热爱自然，不仅仅是一种理性的选择，它更是一种感性的心态。人类在经历了文明的许多辉煌后，终于认识到自己的根和大地母亲的亲密关系。面对大地母亲那纷纷扬扬的美丽落英，人多了几分感激和谦卑。

（《世界日报》副刊，2012 年 7 月 5 日）

昨夜无眠

昨天下午近四点的时候接了一个高难度任务，多喝了一点咖啡。昨晚写小说情节为难，喝了点朋友从内地带来的苦荞茶，说是五谷健康饮料。不知是因为喝了下午咖啡（以前也经常有过）还是因为喝了苦荞茶，昨晚一夜未眠。我想，既然也叫茶，一定也有点兴奋剂的意思。

睡不着，起来逛网路。到了六六博客，才知道她 08 年就关闭了新浪博客。每篇数万的点击，关闭了实在可惜，不知是何缘由，我好奇，又不好奇。

联想起了张爱玲的超短散文《夜营的喇叭》。敏感的她能够听见姑姑听不见的绝细的一丝小喇叭声，却没有那种欲望、好奇心、动机和热情去了解那已然使她起了同情心的响亮口哨和喇叭调子的发出者。

我能够听得见类似的不绝如丝的音颤，同时我大约会有那欲知人与情的心。车上还有一盘上个世纪八十年代出来的二泉映月的音乐磁带。那一曲二胡版本，是我迄今听过的和我易湿润的灵魂心声最合拍的苍凉旋律。我和朋友说过好几次，每次听到那曲拉奏，我都有恨不得从飞机上跳下去，去见那位无缘谋面的二胡曲主人的冲动。

还有一回，在公司饭厅里见一仓库工人在吃泡面。我当时就杵在那里注视了他好久。一个年轻的干重力活的男人吃方便面，让我感到某种不安和关切。我因此写过一篇叫做《当时就替他祷告》的散文。散文不够含蓄，也没露出来什么才气，当然就无法和张氏名文相提并论。

偶然到了陈晚博客，惊然发现她的生活小文别有洞天。那一篇篇点击并不多的散文，字里行间响着独步心灵的细细脚步声，是如此的具体，真实，沉静和朴素，又是那么细腻和令人玩味。还是张爱玲的那篇超短散文，她写道："在这鼎沸的大城市里难得有这样的简单的心。"读陈晚的散文，我当时就有了一颗简单的心；反而是读张文本身，我没有那个得益，不知是为何。

这篇散文，昨夜起来时就想写。一个微小的键盘失误，毁了那页草稿。今早想写，却不记得昨夜的思路是什么，我究竟想写什么。如此看来，当时的思路纯属偶然，不是必然。人生的事，也大致如此，并没有什么是那么一定和绝对的。

有人相信必然，有人相信偶然。其实必然和偶然也说不清道不明。有一点今早我终于悟出：不管人生是必然还是偶然，都不必把人生的好坏归到自己头上，也不必太过牵强什么事。

张爱玲写道："我疑心根本没有什么喇叭，只是我自己听觉上的回忆罢了。于凄凉之外还感到恐惧。"把零乱的草稿连同思绪扔一边，重新回到床上时，我倒是好像多了点细腻的彻悟，少了点细腻的恐惧了。

（文心文学社精品推荐，2010 年 12 月 2 日）

太阳雨

近来常常无端忧伤。

和多年相隔天涯、难得一聚的老同学在三尺方桌旁匆匆一叙后，我又得返回工作的地方。别前拥抱再三，依依不舍。同学，就是一起分享年轻时光、求知岁月，分享纯真年华，并互相看着对方变老的那群人 。同学，是一个人生命里的一部分。这一次短暂的聚散，让我多感的心灵又增加了一缕难承之怅。

经过一日一夜的雨后，天时阴时朗。我驱车北上时，一路上也是时而阳光漫射，时而星雨纷扬。终于，到了我临山的佳思地住处，经过春雨的荡涤，山林青葱，清新能闻。下了车，见阳光明媚，不由得沿山路往上，欲享受一下雨后万物的新鲜。

不料，刚走没两步，便有雾雨扑面，清凉中透着寒意。放眼一望，耀眼的阳光里，能真切地看到闪烁着的、纷纷洒洒的细雨颗粒。伫立伞一般的大树下，回味着一个小时前和同学的惜别，更联想起了那遥远的岁月和故乡。劲风吹过，切肤的寒。

我走出树荫，转身朝山下去，赫然见不远处的拦湖大坝上，一条宽带七色彩虹悬挂上方，虹的两端和山麓晕染成了一体。这是我最近距离看过的一条彩虹，它几乎伸手可及。我一阵兴奋，匆匆拿出随身的照相机。相机许久没用，几回摆弄，再抬眼，那刚刚还清晰绚丽的虹，已然淡出我的眼帘。

这也是我平生头一回在灿烂的阳光里目睹细雨飘洒的丰姿。我没有太阳雨的概念，也没有读过这个词，可那一刻，这三个字就那么自然地跃上了我的脑海。

回住处的路上，我在悲喜交加的怅然中再度琢磨着“太阳雨”这个词，猛然想到，这个词组，难道不正意味着人生的组合。太阳雨，以再形象不过的语言，向我图解和阐释人生。人生，就是阳光和雨组成的，时雨时晴，时阳时阴，有时甚至会是晴雨交遇。而那轮美丽了瞬间的彩虹，仿佛在离去时为我留下意味深长的微笑：世间一切都是暂时的，心存信念，怀揣永恒依归的人们，也怀揣着深邃的幸福和平安。

太阳雨的形成大致有两种原因，一是天气的骤变，二是远处的云雨被强风刮到另一处本来无雨的地方。自然界能容得下阳光和雨的共存，那么人，也应该可以适应同样的无常。不以物喜，不以己悲。悲喜之间，本有从容的空间；悲和喜的际遇，有如太阳雨，可以构成一种泰然的祥和。

太阳下山了，雨也停了，我的心，释然。

（《侨报》副刊，2011 年 7 月 22 日）

一对雨刷子

车前窗一对雨刷子，都是一个长，一个短；驾驶座的那个长，客座的那个短。

道理很明显，可这是我第一次知道。为什么？道理也很简单，我从来不用自己照管这雨刷子的事情。

命运不是算数，不是概率。我意思是说，很少发生的两件事，或两种状况，你不要以为它们不会碰到一起。这些年来，我亲身经历了好多次“罕见事”撞一起的事。女人怀孕在女人一生中所占的时间还是属于小部分；女人怀孕而丈夫出门，机遇又少了些；十年三千六百五十天，能有多少时间是地在六级震动中？十八年前，这三件事就一起给我碰上了。大概由于先生不在家，孩子又在腹中，地一摇，我就特别慌张，三步并两步跑到门外。那一刻，我看到了地平线上的蓝光，听到了家乡人说的“地牛在吼叫”的声音。

眼下这次，虽然没有地震那么厉害，但是这状况的严重程度，在我这儿也属六级以上。先生出门去了，我送小儿上学。天早雾降，车窗迷离。于是我拨动了雨刷子。一刷不清，再刷不明，三刷“咯噔”——那橡皮条蹦了出去。

“糟糕！”我心里叫了一声，连忙把车泊到路旁，从车后座箱里拿出块布来。

“妈妈你干什么？我们已经晚了！”小儿在后头嚷嚷。

“晚就晚，总比撞死了好！”我一边揩车窗一边嚷回去。

这雨刷子是几个月前先生刚帮我换的。以前我几年也不用换，这次怎么就……于是我和小儿讲起了命运不是算数和概率的大道理。

送完小儿后，我马不停蹄地去处理这六级的重要事宜。到了一家商店的汽车部，上头挂着各种规格型号和价格的雨刷子。我有些迷茫，挑了两个一模一样的，然后走到顾客服务台询问尺寸的问题。

“这个么,我也不是特别清楚。”那位上了一定年纪、略微发胖的女服务员说,“我只知道不同的车雨刷子规格是不同的。我的那部车用的还是不同尺寸的雨刷子呢。”

看来那位女服务员比我略高一筹，至少还知道她那对雨刷子是一个大一个小。

不敢担保明天不下雨，我一个电话打到外州去向先生求救。

先生告诉我，就到附近的一家叫汽车世界的商店去，他们不仅会给我正确的尺寸，还包安装。

这个商店太伟大了，帮助老百姓提供方便办实事。就像先生告诉我的那样，我十五分钟就解决了这个问题。也是在那家汽车零件和用品商店的柜台上，我了解到汽车一对雨刷子总是一大一小。

我不知道几率、概率、算数这些事情中有什么样的奥秘，甚至也开始猜测这一大一小两个雨刷子之间有着什么天机，但是我切实地知道，人，“总要为不测尽量做些准备”。这引号里的话有“尽量”两个字，应该就不会有太大的逻辑问题。这准备，也包括掌握诸如汽车雨刷子这一类的、对相当一些人来说是常识的知识。

（《侨报》副刊，2011 年 9 月 20 日）

万金油

儿子不知给什么虫子咬了一下，起了两个硬硬的红包：一个在手臂上，一个在脚盘上。大概由于出生在华人家庭的缘故，在美国出生的他也略知华人对付虫咬的武器。“妈妈，有没有白花油？”他问。

家里一时找不到白花油，但是应该有一盒万金油。我找了找，果然在家庭药箱某一处找到了它。看样子它是有年头了，质地比较硬。先将就用吧，我替儿子抹上了万金油。看来这个东西得备点新的，于是我马不停蹄到了华人参茸行。那一排柜子上除了万金油还有驱风油、白花油、万花油和红花油等。拿起一个大号的万金油，上面大意写着:万金油，全世界华人用了一百多年了。是的，那句话一点都不夸张，从我有记忆的时候起，就知道万金油。童年的感觉上，它既神秘也不神秘。而它的神秘和不神秘可以说是出于同样的原因——大人用它来对付几乎所有的身体不适：头疼，脚碍，脖子不适，腰背痛，甚至肚子闹腾……用多了，便习以为常；但还是会奇怪:什么东西这么厉害包治百病？万金油让我觉得神秘当然也和它的味道有关，它的味道确实是非常地独特和怪异。后来由于好奇注意看了看它的成分，其实还真没有什么神秘的,它的主要成分就是樟脑和薄荷。这两样东西都有一种刺激的味道。

我选购了三罐小号的万金油，这样儿子回东部上学时可以带上一个，我自己上班带一个，家里留一个。你看这万金油，还真是华人世代随身携带的宝贝。

几个小时后，当我打开新买的万金油再要给儿子抹的时候，发现那两个包没有先前那么硬，也没有那么红肿了。看来那罐老万金油，虽然老旧，力道仍在。

想起了我开书店的时候读到的一本书，讲的是所谓疾病的“自然疗法”。那本书里提到，大多数有刺激味道的东西，樟脑、薄荷、葱、蒜等等，都有一样共性：就是促进血气循环，激发人体自身的能动性和免疫力。哦，万金油，我大概触摸到了你的金子般的底细了。如同童年对你的感觉，你为什么是万金油，既神秘也不神秘，归根结底，你和谐于自然的本性。我们的先辈在还没有青霉素类存在及为伍的时候，只能想方设法调动人机体自身的潜能。人自身的潜能奋起，与周遭的病毒细菌作战，是可能越战越勇的。万金油，以它的多功能，反映出了人体抗病抗毒上的一份真理。

当然，人所谓的真理都有相对性；世界上也不可能有真正意义上的“万金油”，那就是为什么还有白花油、红花油、甘草油、万花油等等的存在，还有那各式各样的健身操和体能锻炼的传扬……

碎感“真诚”

作家且东在他的最新散文里写道：“我是一个十分不入戏的人。我对所有具有仪式感的东西有天然的排斥和叛逆，我对所有庄严的机器都怀着敬畏和疑忌，我不会怀抱鲜花去求爱，我不会点着蜡烛去许愿，我不会气宇轩昂慷慨陈词，我不会接受西装革履的自己，我甚至还学不会穿裤子要把衬衣的下摆用皮带捆起来，我无法忍受领带，甚至无法接受葬礼上过于夸张的号啕大哭。

或者换言之，我太入戏了。人生入戏，全靠演技，而我太入戏了，总不屑于那些粗糙和粗暴的演技，总想让自己更真实一点——在如戏的人生之中要求拥有一个真实的自己，势必在觥筹交错的时候捉襟见肘，势必在别人推心置腹的时候不知所措……”

很欣赏他的这段话。只是，正如大千世界混沌难分一般，形式和非形式的界限十分难划。今天提前回家，直奔超市去买月饼。他爸对所有其他月饼都不感兴趣 ——只喜欢五仁月饼。于是我买了一盒五仁月饼。假如那鲜花和蜡烛都是形式，我不知道这盒五仁月饼是否也是形式。我想，是不是形式，应该自己最清楚。被迫的，就是形式；情愿的，就不是形式。

这个世界被迫的东西普遍存在，普遍到这个世界基本都是形式。规章制度、道德准则、公共法律、人情世故、节日礼仪……都是形式。

真诚的昨天，不能保证真诚的今天和明天。我知道昨天我千里迢迢去看儿子是真诚；我舍不得吃那份饭，两个鸡蛋全都给儿子吃了是真诚。今天我把两个鸡蛋全都自己吃了不再给儿子也是真诚。而明天，出于某种动机，我又给儿子煮了两个鸡蛋，那，是真诚还是形式？

“心里渴望真诚的生活”，而真诚的生活，我的感觉，它就像刀耕火种的年代一般,完全倚靠电气和电子的“文明”人类,对“真诚”的渴望怕是会有如叶公之好龙。

我码字够不够真诚？一段时间来，我有意识写一些“真诚”的文字。真诚的文章时而芒逼，时而消沉，时而如狂人日记，时而不利和谐。我发现，“真诚”的文字并不一定都受（编辑和读者）欢迎，倒是包装很好的文字比较畅销。

这个时代，是文学的电子时代，文学要回到刀耕火种，怕是难了，因为它的主人回不去了。

大音稀声，大哀息文。舞文弄墨，喋喋呻吟的，大致是些小情和小调。

为什么男人喜欢女人长头发?

作为本文题目的这句话是一个包含论断的问话。不过它不是没头没脑问一句：“你为什么偷我家小金人”的那种情形，我说男人喜欢女人长头发是有根据的。

我小时候留一头黑粗长发。爷爷特别喜欢我那头长发，我甚至还记得他看着我那两条垂到腰部的油亮长辫时的那种很有成就感、很自豪喜悦的目光。后来女孩子群里掀起了一股剪发热潮，我也抵挡不住那诱惑，暗地里怂恿姐姐给我剪头发。

“你不怕爷爷生气？”姐姐问。爷爷脾气很大，生起气来蛮吓人。我跟姐姐说了我的计划：等爷爷出去时剪，等他回来了，生米成熟饭他再怎么也得接受现实。姐姐勉强答应了。结果那天不碰巧，爷爷出去一会儿就回来了。我头发剪到一半见爷爷进来，大惊失色，夺门而逃——一边长发，一边短发。

你要说我爷爷是老意识，旧审美，那么我的儿子呢？那天我孩子突然问我：妈妈，你是什么时候剪掉长头发的？我没有马上回答，却反问他：怎么想起来问这个？他说：女孩子留长头发好看！

我于是到网上去查，果不其然，已经有不少人问了本文所问的问题了，答案不一而足。其中“长头发比较有女人味”是人们说得最多的一个理由。如果再问：为什么长头发显得比较有女人味？那恐怕就有一点历史因素的影响了。中国历史上的美女从绘画中看，有谁是短发的？白居易《长恨歌》里有“云鬓花颜金步摇，芙蓉帐暖度春宵”的诗句，用云鬓来形容美女杨玉环美丽的长发。如果进一步再问：为什么古代女子均留长发？那真的就是一个很深奥和奇妙的文化、审美心理及两性关系的综合性问题了，就像有人说的：长发飘飘柔情似水，那种温情和美妙难以言喻。

五四时期新女性的一个典型表现就是留短发。后来更有留短发的英姿飒爽的女兵出现。小时候对那些女兵是很羡慕的。随着时代的发展变迁,女人已经走出闺房,女人已经不能够整天面对梳妆台了。职业女性要忙里忙外，短发易整易洗，自然成了她们的首选。其实女人留短发有留短发的美：清新，活泼，精神。当代更有各式短发发型，有飘逸，有含蓄，有典雅，有浪漫……也不乏所谓的性感。不同的发式从不同角度展现女性的美。想要有多一点的“女人味”，其实已经可以不依赖长发。也可以这么说，长头发缩小了它的领域，只代表女性美的一种样式。相信男人对女人头发的审美也会与时俱进，有的男人仍然会喜欢女郎长发，有的则会喜欢多彩多姿的女子短发，正如他们有的喜欢含蓄的女性，有的则喜欢奔放的女性一样。

“为什么男人喜欢女人长头发”这个问题提醒人们思考女性的自信和两性的平等这个更为实质的问题。归根结底，女人应该考虑用新的外观，连同新的心态和精神风貌，主动地影响男人的审美，而不是一味被动地接受和顺从男人的所好。

（《侨报》副刊，2012 年 8 月 1 日）

觉醒：最伟大的爱是什么?

朋友介绍给我一个精彩的 YouTube：台湾林姓少年（查出来了，是林育群）模仿 Whitney Houston 的歌：*I Will Always Love You*。

我看了直叫好：从声音到唱腔到咬字等等都非常地相似。实在是非常不容易，光是没有口音这一点就很不容易。

虽然没有惠特妮原唱里的那种排山倒海般的情感爆发，但是林育群的精湛仿唱把我的思绪带回从前：那个痴迷惠特妮歌声的年代。

惠特妮的《我将永远爱你》实为不朽之唱。不过，这首歌并不是我接触的惠特妮歌的第一首。我接触的第一首惠特妮的歌是 *The Greatest Love of All*——最伟大的爱。那时候英文不好，虽然大致知道歌是有关孩子的，却从来都没有听清楚歌中所说的"最伟大的爱"究竟指什么。奇怪的是我也一直没有特别的好奇心去刨根究底——我一直想，最伟大的爱？要么是上帝的爱，要么是……让我震撼不已的是，当我一查歌词时，才知道歌中所唱的最伟大的爱，乃是爱自己！

很震撼，也很感动。

常常听说和读到类似的故事：女孩子失了身后失了恋，于是自卑并自暴自弃，"破罐破摔"，做事情不复在意，在昏暗的路上越走越远。这样的行为，是自爱尚未觉醒的表现。

爱自己，是什么意思？

首先，是认识到自己的独特价值；认识到自己是造物的特殊创造；认识到自己和他人在神的面前完全平等；认识到自己和他人一样被神爱着。

有了这个认识，你就有了自信，有了自珍和自尊。

爱自己，和自私完全是两个概念。爱自己，讲的是人的平等价值；自私，是把自己的价值凌驾在别人的价值之上。爱自己和爱他人之间没有任何意气之争。

有了这个认识，你才知道怎么样去爱别人；因为爱别人，就是认识到别人的独特价值；认识到别人也是造物的特殊创造；认识到别人和自己在神的面前完全平等；认识到他人和自己一样被神爱着。

耶稣教我们怎样爱别人？就像爱自己那样去爱别人！

儒家的仁爱理论也是推己及人。生物的本性让我们只能从自我出发去爱别人，这使得正确的自爱意识变得更加重要。

爱自己，说到底也是民主社会制度的根本的人道依据。

尊严是爱自己的自然产物；尊严就是爱自己、自信和对人人平等的清醒认识。尊严不是争个你长我短，而是对个人价值的承认和实践。《最伟大的爱》这首歌中所唱到的“永远不要行走在别人的阴影里”就是这个意思，因为你是独特的：你的价值，你的强项，你的性格，你的所好，上苍为你所设计的路……你不仅是独特的，你和他人之间是平等的——为什么要走在别人的阴影里呢？

这一点对我们许多家长有特别的意义。我们有时候心态走了样导致说话走了样，常常会拿别家的出色孩子和自己的比：你看人家某某的孩子，上了哈佛了，你呢？！

这样的潜移默化的结果，就是使得自己的孩子走在了其他的孩子的阴影里。

所以《最伟大的爱》歌中唱道：

我的尊严无可剥夺，

因为最伟大的爱在我心里。

我还想加一句：

我知道神的心里藏着我头发的数目，

因为最伟大的爱在我的心里。

父慈母爱，夫妻恩爱，骨肉情深，朋友意长……离开了自爱的价值意识，就会变成盲目，就全都会失去意义。

（写于 2009—2010 年间）

孔融让梨的人性蕴含

不久前上海一位小学生在语文考试题目“如果你是孔融，你会怎么做？”中回答“我不会让梨”，被老师判错，由此引出了一场“让梨 / 不让梨”的争论。这个事情说明了许多问题，其中之一是，新一代的独立性显著增强，他们有主见，敢置疑。其中之二，多元的时代对教育和文化领域的古为今用提出了更高的要求。

首先，我们得承认这道题的出和判的确不当。既然问“你会怎么做？”就应该允许不同回答。假如只有一式答案，那么问题就该改为：“我们该怎么做？”

其次，我们得重新检讨和认识孔融让梨这个典故。这个故事其实并不如一般人所说的是属于儒家的“孝悌”之举。人们之所以会那么想是因为《三字经》的诠释：“融四岁，能让梨；弟于长，宜先知。”《三字经》的诠释是有偏颇的，因为假如按照孝悌理论，孔融该吃较大的，而不是最小的，因为他底下还有弟弟。孝悌伦理是一种匡囿，匡囿总是限制甚至扼杀人性的。孔融让梨的行为并不是因为被迫得遵守什么清规戒律，让梨是他自觉自愿的。也因此它实质上是一种良善的人性体现，是值得弘扬的。

问题在于，假如僵化甚至错误认识这个典故，把它当作是一种应该的行为模式来教育下一代，那就大大减少了这个故事的人性蕴含，并且在今天也是很难行得通的。曾经有作者撰文反映海外中文学校教孔融让梨时的尴尬，因为美国的孩子们讲究并信服的是法则，而不是应该不应该。近期的“我不会让梨”事件说明僵化及扼杀人性的教学对中国孩子也行不通。

孔融让梨不是消极的孝悌和应该，而是对兄弟的自愿谦让。假如我们站在一个更高的角度，那么这个故事包含的实际上是一种有意识的、自觉自愿利他的态度和精神。这是孔融让梨故事最积极最光辉的地方。假如我们能够看到这一点，那么孔融让梨和妨碍人的个性发展、妨碍个人的自由意志等等有什么关系呢？让梨本身就是孔融一个出色的个性闪现。

利他和个人自由并不存在必然的矛盾。这两者互不矛盾的基础，就在于人们超越道德来认识利他，在于人们意识到利他不是道德枷锁，而是一种净化升华了的善良人性，一种爱的精神境界。人作为有强烈自我中心意识的群体动物，个人自由和利他精神是两个互相制衡的力量。人的自我中心意识是人的第一意识，也就是人之初的意识。基于这样的人性现实，强调利他有着特别重要的现实意义。利他精神和行为作为对一己的超越，作为一种爱的实践，对人心的感动和对社会和谐发展的意义永远大于利我主义。

（《世界日报》副刊，2012 年 5 月 24 日）

当原谅成了阿Q，当纪念为了忘却

我不是南京人，我不知道我是不是应该因此庆幸。

我不是南京人，所以我不像许多南京孩子那样，从小从父辈那里听到和那场残酷屠杀有关的事情。我生在厦门，长在安海，我的世界就是那么大。南京大屠杀的事我应该是小学时从班主任黄老师那里就听到了。但是那场屠杀发生在那么遥远的地方，我坐车去要坐上好几个日夜才能到。那时候小，听着听着会捏起小拳头，但是却没有切肤的痛。

不过老师们并没有作罢。语文课、历史课、政治课……电影、小人书、收音机……从各种渠道我都听到了日本人对我国人残暴的故事——不，不是故事，是事情，真实的事情。我还了解到，日本兵作孽的地方离自己其实没有那么远，就在我童年的故乡，在安海，也有日本兵来过。我父亲的一位同学就是在日军飞机轰炸时被炸断一只手的。

于是，仇恨入心要发芽。

这个世界上假如有一群人我永远无法原谅，我永远对他们记着仇和恨，那就是那些日本人。他们的无可原谅不仅仅在于他们犯下的滔天罪行，还在于他们拒绝承认他们犯了罪行！这对我们这个受伤害的一方来说简直是痛上加痛，恨上加恨。

然而不久前，我却突然问自己：我究竟要让人家怎么样呢？假如我们的父辈、祖父辈越国作孽，那个国家的人民整天指着我们说：你们要承认错误！你们要承认错误！我们的感觉会如何？毕竟，父辈做的事和我们有什么关系呢？

一位日籍华人的文章(《长着翅膀的石头：普通日本人是如何看待“南京大屠杀”

的？》）说："今天，整个日本的社会环境和社会舆论已经让大多数年轻人失去了了解历史真相的机会，因此在中日近来不断发生的摩擦中，日本大多数人对我们民众的强烈愤慨表示出的先是疑惑不解或者不屑一顾而后会是反感和敌意。"

也就是说，我们这儿怒火中烧，人家年轻的那一代觉得莫名其妙！

我又究竟要我自己怎样呢？2011年日本大地震那会儿，我着实为了捐款的事和先生争执了一番。除了不平日本有能力制造核武，有能力再去行凶外，那始终没有解开的历史的仇结也趁机作怪。

"这是人道。"先生说。

"说到日本你不要跟我讲人道！"我回答。

不巧后来就读到一位曾任北京大学日本留学生会会长的日本人加藤嘉一的文章。文章是他看了电影《南京！南京！》后写的："除了对《南京！南京！》的截然不同的评价，产生两国民众之间的分歧，加剧相互不信任感之外，我们能不能拥有更加深层的感悟？中国人和日本人了解到战争的残暴性、人类的共同性、人心的脆弱性、生命的可贵性、命运的不确定性后，能不能产生某种共鸣？中国人和日本人的认知能不能发现一点点重叠的部分？得到某种共同感受是不可能的吗？难道历史认识是永远不会达成共识的吗？"

加藤嘉一该文底下有许多情绪激动的读者的评论。我不能说这些评论毫无道理，我甚至和他们同感。

但是，但是——

这些日子以来我一直在想着原谅这件事。"原谅"这个词谁都懂，但是把这个词和日军侵华、南京大屠杀联系起来的这么个念头的破芽，在我却是第一次。而这个一念的契机，发生在我看了美国电影《帮助》(*The Help*)之后。这是一部以六十年代美国黑人民权运动为背景的电影，2011年奥斯卡最佳故事片提名。片中女主角身为佣人，儿子被害，虽然历尽苦难艰辛和耻辱却善心不改，嘴里时时说的就是耶稣说的话：爱你的敌人，尽管她在被一个白人以莫须有的罪名赶出家门时承认：爱你的敌人非常难做到。

从加藤嘉一文章的字里行间我读出了一个强悍民族心理上的弱处。既然一个民族和一个人一样有它的长处和缺陷，既然我们作为个人常常都在我们的缺点上被别人原谅，那么，我们是否可以考虑理解人家的缺点并加以忽略、包容或/和原谅？

在颇具讽刺意味的事实上，把"理解"、"原谅"、"中日友谊"等挂嘴上心上的只是我们这些“仇恨入心”的人。而大海的另一头，新一代的日本人中许多人没有这个意识。我们的爱恨对他们来说无关痛痒。所以我们记仇也好宽恕也罢，不自觉中蜕变为一种阿 Q，鲁迅嘲讽的阿 Q。

那又怎么样呢？我自己曾经说过，阿 Q 精神有时候实际上代表着一种积极的态度。回忆那一次因地震捐款和先生吵架后，我关心了一下时事，看到中国救援人员奔赴日本救灾，看到媒体的调查显示大多数中国网民支持帮助日本——我的心头禁不住感动。我知道，阴暗与仇恨、悲观与失落是没有出路的，不管是于人还是于己。从古到今，颠扑不破，能够给人以光明、给未来一条路的只有爱，怜悯，宽恕和勇气：面对的勇气，包容的勇气，爱和宽恕的勇气，自强不息的勇气。我想我自己，还有我的民族，会在这样的反求诸己的历炼中得到一种灵魂和力量的提升，并在这个基础上真正赢得尊严。

事实上，大到国家小到个人，我们不仅在原谅别人，我们也时时在原谅自己。我们曾经伤害过自己的同胞。每个国家的内部动乱，都曾经无情地伤害到本国同胞。假如我们可以原谅自己，为什么不能够原谅他人？

南京大屠杀遇难同胞纪念馆要永远矗立在南京那个苦难的历史地点上，周年纪念要永远地继续下去。只是今年我在想，表达我们对死难同胞的永久爱念的，应该不仅仅是博闻强识，不仅仅是铭仇意识，更永恒和强有力的纪念，或许竟是一种自强、忘却、宽恕和面向未来的坦然。

阿 Q 不必是弱者，忘却是纪念的一式。人性和历史里，就有这么一个真谛。

突然想起念大学时系里有位日本女学生叫板元，她是一个热情的、颇有大姐风度、几乎没有任何缺点的女孩子。不知她现在在哪里，怎么样了？

也许是日有所思的缘故，那天晚上我做了一个“阿 Q”梦。梦中我遇见了一个长得像板元的日本女孩。我拉起她的手，端详了她半天，突然说了句：“我原谅你了！”

她不解，也端详了我好一阵，末了竟咯咯笑了——很纯的一种笑——还指着天上的风筝对我说：看，它们自由了！

噢，我懂了。

（大致写于 2012 年 3、4 月间）

家和国的时空唱吟

一个偶然的机会，我听到了多年前的老歌，张帝的《国家》。歌中唱道："没有国哪里会有家，是千古流传的话……没有国哪里会有家，是万世不变的话……"这两句话唱出了中国人的传统信念。国家，一直是中国人的一个重要支撑，不管你是立足海内，还是漂泊海外。

"没有国哪里会有家"不是无端生出来的念头。中国人几千年来，多次遭遇了国破的危难辛酸和颠沛流离的劳苦。两千多年前，屈原在楚都被秦攻陷后，写下了步步回望，一路魂伤的《哀郢》："出国门而轸怀兮，甲之鼂吾以行。发郢都而去闾兮，怊荒忽其焉极？"一首《哀郢》，留给后世那没有了国家以后诗人无边无际的哀痛和渺茫。一千多年后的唐代发生了安史之乱，长安沦陷。杜甫的《春望》续弦屈原的悲歌："国破山河在，城春草木深。感时花溅泪，恨别鸟惊心。"到了南宋，"哀郢"之音更是铺天盖地。摘这首朱敦儒的《减字木兰花》，因为里面有"国破"字眼："曲终人醉，多似浔阳江上泪。万里东风，国破山河落照红。"清代改良主义思想家龚自珍有诗云："宗周若蠢蠢，嫠纬烧为尘。所以慷慨士，不得不悲辛！"几句诗彰显了国纷乱，家为尘的关系。诗的典故出自《左传·昭公二十四年》："嫠不恤其纬，而忧宗周之陨。"中国古代，大家都知道国忧先于家忧。

写到这里，我们可以摸到"没有国哪里会有家"这句现代歌词的千古脉搏了。世界上没有无缘无故的爱和恨，也没有无缘无故的信念和价值观。由《哀郢》打头，由《松花江上》殿后的那些哀国诗歌不是骚客文人茶余饭后的无聊之吟，它是中国人几千载一次次国破家碎的写照。

美国的历史，亡国之忧鲜有，所以美国人没有中国人所持的那种视家国之间如血肉之连的信念。不过当冷战掀起，苏联和古巴一起形成了对美国的核武威胁时，国家安危的忧虑顿然而生。也就是在那样的背景下，肯尼迪总统讲出了那句名言："同胞们，不要问你的国家能为你做些什么，要问你能为你的国家做些什么。（My fellow Americans，ask not what your country can do for you; ask what you can do for your country.）"

对家和国关系轻重的不同认识提醒人们，首先，文化也好，人性也罢，都有它的物质缘由和时空合理性。人的观念是无法超越那个物质缘由与时空格局的。其次，也正是在这个基础上，我们说文化无优劣，一方水土养一方人。有如一个民族的肤色来自她的地理位置一样，一个民族的文化根植于她的历史和地理之中。最后，一个民族的文化和意识是可能变化的。一旦作为一个民族意识或信念的时空缘由不复存在，新的历史时期的到来或地理因素的变迁，会渐渐改变一个民族的性格和心灵。这种变化倒不必是坏事。哪一天中国强大的历史久了，割地被辱的感觉成了遥远的无味微风，那么中国的诗人们写出的也许会是汉唐豪诗，或也许真的就是一些茶余饭后的消遣之作了。在意识形态方面，个体意识可能压过集体意识，人们也许会更多地和国家计较：你能为我做些什么？

家和国的关系是个体和整体的关系。在中国的传统心灵里，个体是从属并归结为整体的。另一首著名老歌《酒干倘卖无》唱道："没有天哪有地，没有地哪有家，没有家哪有你，没有你哪有我。"中国是一个饮水思源的民族。这个民族特性可以追根中国的农耕历史。农耕培养出中国人对土地和水的深切依赖和亲密感情，形成了中国人对天的敬畏，孕育了中国人的整体观念。

人类常常像荡秋千似的在对立的观念和行为之间来回摇摆：重个体和重整体，开放和约束，金钱和灵魂等等。孔子有先见之明，老早教导人们要持中庸之道。不过，人类要中庸也难，因为人类不由自主地实在是"我在故我思"的动物。

（刊载于北美华文作协网创作园地 2013 年 3 月号）

和内地游客同行有感

今年三月，我们因为想去纽约看望新近到那里上大学的儿子，跟旅行团去了一趟美东。从美西飞美东，到达纽约时已经是夜晚了。上了旅行社的车时，才发现我们这个团除了我们这一家外，几乎全都是从中国大陆来的游客。

尽管来美国已超过二十载了，生活的样式和思维的形态在相当程度上已经美国化，可是和内地人聚在一起时，还是一点都不觉陌生，也没有隔阂感。由于条件限制，我并不常回国，之所以对内地乡土保持着新鲜的熟悉感，我想一个主要的原因是网路上的沟通。网路让天涯比邻，我在网上结识了许多内地朋友，有很多思想情感的交流，我们之间并没有太大的距离。

我们这个团里有好几对夫妻档，我看出他们的感情都很融洽，一路上总形影不离并常窃窃私语。

有一个小伙子，性格内敛，看上去几分腼腆，我一直没机会和他搭腔。等快到旅行终点站时，才意识到再不说几句就没机会了，于是凑过去和他聊了聊。他告诉我，他崇尚恬淡朴素，人活着，要有一种境界和信念。

我在纽约的游船上碰到一位河南来的女青年，大概二十七岁上下。船行至自由女神雕像前时，姑娘激动得又拍手又叫喊：“太好了，太伟大了，太激动人心了！”她一连用了三个“太”。受她的感染，我也跟着喊了起来。“你看，这种民主的精神，自由的精神……那就是为什么我们相信这个国家，尽管她借了我们那么多钱。我们相信她一定能发展，一定有能力还。”姑娘对我说。

我在波士顿的游船上碰到一对西安母女。一开始我还以为她们是姐妹，一问才知道是妈妈送女儿来美国上大学。女儿脸带微笑，话却很少。那位妈妈一看就是个开明温和的母亲，绝对不是虎妈一类。我很羡慕地夸奖她女儿有本事，能考到美国的名牌大学来，又很乖。这位妈妈说：我都让她自己独立思考，尊重她的意愿。见我举着相机要拍船外的风景，母女俩左躲右闪地为我提供方便，让我很有些过意不去。

我以前在国内，见过摆阔铺张，见过虎妈施淫威；至于专制意识，更是"文革"一段时期国人的正常意识。如今，物质一丰，国门一开，国人的人文认知有了令人惊叹的长足跨越。

中国大陆人的旅游消费已经名列世界前茅。虽然有文章质疑中国游客的文明素养，提出带出去的不应该只是消费力，我还是必须要尊重我的亲身经历，我自己的观察体会。旅游的主要内容是游玩和学习，输出或者说分享文化和精神是第二位的。我的中国乡亲也许"文明"度没有西方人高，比如人和人之间总挨得那么近，排队时总肩擦肩，不注意"保持距离"，尊重他人个体空间。但是在我看来，内地同胞很可爱，他们已经具备人类共有的许多人文观念意识。说到不同，也许信仰是一个比较显著的差别。我是一个勤上教会的人。2002 年以后一直坚持上教会至今。我的体验是，美国人（包括我自己）信基督，很大程度上是解决死后的问题，当然，也以信仰为力量支持在世的重压。基督教上帝的爱具有条件性的一面，这个条件就是要信神、尊神。神爱的条件性表明人需自律。神爱的无条件性（基督教认为神在我们还是罪人的时候就已经爱了我们）则以善和爱催化人心。我读中国作家的作品时，已经读到了这种爱的伟大觉醒和勃发。莫言散文《打人者说》充满了人性的良知善念，作者最后写道：

"我挚爱的人啊 / 你们自己把自身摧残至此 / 你把我摧残至此 / 你把你摧残至此 / 那无处不在的摧残 / 就是我的悯人悲天 / 别再让我痛苦万般

这样的超越了阶级、种族甚至善恶的对人的爱，是上帝的胸怀，这样的爱从来没被实行过，今后也不可能被实行，但这样的爱是存在的，这也是上帝存在的理由和标志。"

这是新的中国心魂，新的中国精神脊梁。

外出旅游的主要内容是游玩和学习，而接待四方来客，则显示了一个国度的内藏底蕴。我走过美国几个大机场，走过日本成田机场，再回味北京、广州、上海机场，我得说我走过的中国三家国际机场，它们显示出来的人文风貌和张力均在其他几家国际机场之上。清洁度已经不必说——去年在广东番禺百万葵花园和从化温泉区，它们的清洁度让我刮目惊喜——给我印象最深的是那些机场书店。中国大国际机场里的书店都相当丰盛，水平很高。它有名著小说，有有关最新人文视野和观念的各科书籍，有文化经典……很多翻译成中文的最新外国书籍，我身在国外都不知道。不必提奥运、世博，中国人的求知欲和良善前瞻的自强自新努力就在我们的眼前和身边发生。

也是这次东游，在从华盛顿特区到尼亚加拉大瀑布的途中，旅游团在一家小型便利商店前停了下来，主要目的是让游客们稍作休息，也顺带方便一下。半车的人涌入一个小店，的确有点让小店难以承载。我亲眼看见一个店员不满加忧虑地看着这些人一个个进入他们的洗手间。我听到他在跟同伴抱怨说："他们很少买东西！"言下之意他们进来只是免费来上洗手间。我听了心里着实有些过意不去。于是我挑了一套写着波士顿字样的小瓷器。我一边选购，一边观察我的旅伴们，他们其实都很安静，专心地努力选购着物品。而那个店员，依然站在那里，用不信任的眼光看着这些远道而来的旅客，直到他们有秩序地在收银机前排成一行……

我希望我永远都不会用那样的眼光反观我的同胞，因为我对自己同胞的了解比那个店员深刻和真实许多。我的抽屉里还收藏着几样珍贵礼物：那是几天同旅时一对浙江夫妇匆匆送给我们的。中国人，不论他们行装走四海，还是茶壶煮三江，都让我感到这个文化的和善、厚道、底气和不断进步的元素；他们带给外面世界的，并不仅仅是所谓的物质消费力！说句挨政治边的话，我们的人民已经有了很好的人文基底，倒是管理人民的人，管理人民的体制需要与时俱进，才公平于这个民族，也才不致错过这个民族人文腾飞的黄金时光。说句鞭策自己的话，在自己父老兄弟面前，放下我们可能有的、潜意识里的优越感，看看我们身在海外的华人是不是反而有落伍之处?

（写于 2012 年 10 月 6 日）

生死相依

近来不时会想到“死”这个话题。

基本上，“死”是各民族里忌讳的话题。这个话题太揪心。老子说，民不畏死，我说那是不正常的。人谁不畏死？活为大欲，死为大避。所谓好死不如赖活，所谓仙草丹药皆为长生不老。一直守候着祖母的父亲说，奶奶病危期间越发显示出顽强的求生欲望。我相信。

人类精神世界的半壁江山建立在对生和死这个最基本事实的认知和思索上。没有“死”，人类的思想史包括宗教信仰史大约会是一派空白。

人类畏死，却也有各种方式来对付死。西方极乐世界是其一，十八年后又是一条好汉是其二，天堂永生是其三，物我合一是其四。而贯穿其中的，是对生死转化那奇妙天机的朦胧感知和浪漫演绎。

当然还有其五，那就是“质本水土，还归翠绿”的彻底唯物主义的潇洒和淡泊。

我不看好这其五。基本上，我不觉得死是无，我也不觉得生来自无。这个寰宇，我看不到扁平的“无”，我只看到内韵充沛的生死之间的浪花滚滚。

生命走过了她辉煌美丽的前半里程，站在这中间点上，我不知道我是再返到原点上展望天际还是前行到终点上关山重头。这两个角度常常难以分别，犹如生死的能动转换浑然一体一般。

偎依在潺潺的溪水旁，听叮咚泉水涓涓而去。闭上眼睛，仿佛回到了生命最初的日子。我小儿说他记得他在妈妈肚子里的情形，他还给我描述过那是怎么样的一幅图景。尽管极力追溯，我还是无法回味到我自己的胎中经历。然而我三个月从摇篮里看和听这世界的情形我却深有印象。

赤子之初，蕴藏着神秘而浑厚的能量；生命的图景灿烂而朦胧地显示在地平线端。那灿烂远景里也包含了我的孩子们。

大儿和我长得很像，特别是他笑的时候。从我孩子的脸上，我看到了我自己。

是的，我们无法离开生来说死。从死的进程里我看到了生的进程。

生死的转化，除了人的血肉的世代承续外，还有那看不见的生命信息的传递。从候鸟的迁徙到枫叶的色变，从蛇行鹿跃到公鸡鸣晨，都是一种极其古老深邃的生命信息传袭的体现。

无论是站在源头上前瞻，还是站在终端上回顾，抑或是置身其外看生命链接的环环相穿，生和死，都构成一幅无穷尽的图卷，和谐而又波澜壮阔的图卷。

畏惧由此无声消失。

依然记得逝去之人曾经的关于“死”的童话般讲述：

生当作人杰，死亦为鬼雄。

人生自古谁无死，留取丹心照汗青。

人固有一死，或重于泰山，或轻于鸿毛。

……

然而当出生入死的激情过去之后，我更趋向于平静和从容。想起了晚年罗素的体验。他说生命宛如流水。最初湍流滚滚，激情荡漾；慢慢地那流水和别的流水汇合，变得越来越宽阔，越来越缓慢，也越来越安详，直到最后消失自己，不知不觉地融入了浩瀚的海洋。

生命的本能是寻求自我存在，生命永远无法从本性上超越这本能，所能超越的是对生死的呆板认识，达到一种动态的升华，进入一种安然的境界；在那境界里，你目睹时空光闪，彻悟生死大道。

生死相继，如歌，如河；一路品尝，时而比烈酒，时而如淡茶。月沉日升之分，日隐星耀之时，你的眼睛映着上天的光泽，你的脸上现出了微笑；那是你品出了生命的韵味之后，那是你舍得生忘得死之后，从灵魂深处焕发出来的由衷的笑。

（《世界日报》副刊，2010 年 3 月 29 日）

麦地让我感动

麦地让我感动。麦地，用我的话说，“象征着地上人间的那些敦厚和温馨”。然而不知缘何，实实在在的麦地，总给人属灵的无限遐思。海子诗中的麦地是典型的例子，还有，在电影《角斗士》里，也反复出现一片麦地，地上的麦地，天国的麦地。麦地，也许有痛苦，有如海子诗中所写，但是麦地，没有阴影。

——读海子诗有感

“你以为你的步子是你自己跨出去的呀？不是，你没那个能耐。”妈妈说，“是那路领着你的脚。等你走的路和妈妈过的桥一样多的时候，你就明白妈妈说的意思了。”

——摘自虔谦小说《雨夜奇遇》(《世界日报》)

世上的河流都在诗人的诗歌界限内；诗歌之外的河流有两种：天国般的美丽和谐和地底般的阴森嵯峨。

我读过一句话：蛮荒护卫着世界；我自己发明一句话：温柔护卫着世界。温柔本身，应该是坚强的，应该是强悍的，应该是坚韧的；温柔，不应该那么容易就被摧毁，否则，它就不是温柔。

——读于坚诗《怒江》、《避雨的鸟》

钓鱼台国宾馆：获奖发言

注：这辈子没想过会在钓鱼台国宾馆的讲台上发表讲话。不管是什么样的缘由什么样的契机，我万里迢迢地来了。简单和复杂在我心脑的某一点上和谐结合。我接受并感谢上天所给我的这份美妙；这些时刻，我将铭记心头。

大会主办单位，各位嘉宾文友，大家好！

感谢大会组委给我这个荣幸的机会站在这里发言。我的上一次大庭广众的发言是念中学的时候。后来就一直觉得离讲台越远越好。我孩子不久前赢得了全美国高中演讲比赛的第二名，我今天敢壮着胆站到这上头，也是想和孩子比试比试。

劳作和收成的联系有时会以一种意想不到的形式达成，这时人就会惊喜。这半年内我有过两次惊喜。第一次是获得公司嘉奖以及老板特级评估；第二次就是这一次，我的散文《天涯之桑》获得了征文大赛一等奖。

“惊喜”是一件很好的事。它表示一个人对某个目标的执著和辛勤付出，也意味着一个人对自己的清醒认识以及在成绩面前的感恩和虔敬。

散文是我步入文学殿堂的第一步、第一笔。我从小学早期开始写日记，高小作文《安平桥抒怀》被编入福建人民出版社出版的《中学生作文选》。从此散文就没有离开过我。和其他文学形式比起来，散文是一个人内省自身、外参万物的最直接的书写形式。散文对人心有一种其他文学形式不能比的亲和力。我热爱散文，就像我热爱亲友、生命和自然一样；我书写散文，也是在谱写人生、情爱和信念。

人生是一个经历和体验。对于尊重、热爱人生，勇于面对并用心去体验的人们来说，生活有着丰盛的珍藏。文学是人生的一门课程。通过文学，我学到了天地间的许多东西，看到宇宙和人心的温情、美丽、能量和奥秘。虽然这个世界也有冷酷、丑陋和黑暗，但是我愿意首先关注它的光明和积极潜能。

文学无止境。借着这次获奖的鼓舞和启迪，我将努力使自己更加沉潜和精进，努力探索散文境界和语言的无尽洞天，也更加怀抱一颗感恩的和朴素的心。

再次感谢中国散文学会，中国散文学会写作中心和华夏博学国际文化交流中心；谢谢你们为散文的发展所做出的探索和努力。也谢谢在座的文学同行们，愿我们一起去实践、创造和贡献。祝大家安康幸福，创作丰盛。我也想借这个讲台和我的亲人们——我父亲、姐姐、哥哥和家人，我先生和我的孩子们——问声好，道感谢，感谢你们的许多支持。最后，也想用英文和我美国的同事们问好：

Hi guys，this is Minglu. Greetings from China!

童年无尴尬

——首届“大礼堂杯”怀旧故事大奖赛获奖感言

获奖感言总不那么好写，因为一方面你心里高兴，激动，另一方面，你又要做出谦逊淡定的样子。然而在这里，在大礼堂，我没有这样的尴尬。整个参赛的过程，是一次重新经历童年的过程，不仅重新经历自己的童年，也借着其他作者的文字经历他们的童年。重新经历童年的过程，是返璞归真，身心净化的过程。童年，就其本性上讲是纯真的，童年无尴尬。

纯真之外，童年应该是受呵护的，应该是平安、温馨、富足和幸福的。然而由于世间的不完满，许多人的童年与贫困、忧伤、失望、孤单、苦难甚至危险相伴随。即便这样，童年的美好——纯真，希望和爱——仍然倔强存在着。那份苦难中的美好时而会穿过人生扑朔迷离的脚印，犹如山菊花一般在灰色的宴席上或是在麻木的街灯下绽放。

童年所有珍贵的美好，在悠悠的时间长河里流过，但是她不会逝去。蓦然回首的刹那间，你会从那一条通向村口的蜿蜒路上看到你生命的初衷；从那淌过卵石的潺潺溪水里听到你人生深层的旋律。

大赛过程中许多追忆童年的文字，让我感到异常亲切。童年形态各异，却有着许多的共性。丹尼·白克雷在他的《天堂教我的七堂课》里写到他在濒死经历中看到了他人生的全息。他看到以前自己如何伤害他人，体验到被他伤害的人的痛苦。那一刻里，他感到了自己和他人的一体；自己与宇宙的一体。自我意识起了转换，与他人的意识互相交感，合而为一。读其他文友的文字，我有这种和他人的人生合而为一的感觉。那是一种奇妙的、纯净和谐的感觉。那感觉，使我谦卑，淡定。我就在这样的心境下写下这篇“获奖感言”。

衷心谢谢首届大礼堂怀旧故事大奖赛组委，感谢大礼堂网站，感谢文友们，弟兄姐妹们。童年之外有童年。曾经拥有是幸福的，再度拥有是安详的。愿童年的所有珍藏，欢乐也好忧伤也罢，成为我们的福佑和力量，伴随我们去开拓前方的美好。

从“美女作家”说起

不知从什么时候起，不知是哪一个人或哪一群人的想当然，女作家们被认为是因为其貌不扬无可奈何才试图从笔端杀出一条血路来的那么一些女人们。于是，反其动而行之，兴起了“美女作家”这个词。女作家们纷纷不甘寂寞，秀出亮丽头像来和想当然者们短兵相接。结果是，不少女码字者们得以扬眉吐气，如意赢得美女作家、美女诗人等等美名。这个美名的意味，顾名思义，她们既是作家又是美女。换句话说，她们写作，并非因为她们长得丑。

老实说，世上女写手们，想当美女作家的恐在多数。那会儿我时常逛书店，看着架上一个个女作家专柜，心跳不已。“有朝一日”，我想，“有朝一日我的书，印有我漂亮头像的书，也要这么样漂漂亮亮摆在那里。”

不过,美女作家这类头衔危险性较高。为什么？因为鲜花盛开的时候毕竟短暂，上了一定的年岁，称呼起来总有那么点别扭。对我来说，想到这个称呼更觉汗颜。为什么？因为真正开始想在文学上有番作为的时候，已经人过三十。这英雄出少年是指望不上了，美女作家么也望洋兴叹不敢高攀那个光环。

一个人的文学恰如一个人的人生，随着岁月的流逝，虚荣的东西层层剥落，留下来的，是真实的内核，坚贞的和虔诚的信念。

假如把信念的内涵外延宽泛化，那么可以说，写作是需要信念的。每个人的写作信念各不相同。名、利以及读者和编辑的前呼后拥显然是一种写作信念。然而有如对“美女作家”头衔的崇拜终归会暗淡一样，对写作的虚荣和实利的追逐也终将掉进虚空，文学人生大浪淘沙剩下来的，便是一个人对文学真正的虔诚和热爱，一个人和文学之间真正的短兵相接。

虔诚挚爱，是名利虚荣一类的外力撼不动的。我在一个文学论坛认识了一位作家。他总是好一阵才上论坛一次。每次上来，总要发一两篇散文式小说。小说很深奥，文字也比较沉重。不仔细读是很难读懂的。后来他的太太，也是位喜欢写作的人，上来和文友们介绍说，她先生写作起来有些“痴呆”。他时常都在冥思苦想，灵感一到，心血一来，他半夜都可以起来码字。可要是不满意，他就会把好不容易码的几页纸揉成团扔进垃圾桶。他写作，完全和他的人生思索和信念相配套，根本不会在意人家喜不喜欢，更不会随投稿的大流。

我在网上碰到不止一个这样的写作者。我钦佩他们，从他们身上我得到启发并汲取人生的养分。

本来，我在美国职场工作了十几个年头，这方面的素材相当丰富。明明知道这是个热门题材，我却一直提不起热情。这个东西假不了，提不起来热情就写不好。所以这个题材我写得很少。倒是对过去老家的一些乡土人情我很有创作欲。写出来了，命中的几率却不高。编辑评语很认真，有一类是：写得非常好，但是时代敏感度高，难以运作。另一类：我们对都市情感较感兴趣……

被编辑认真退稿的打击比不认真退稿的打击要大，震撼也大。我如梦初醒——不是决定扬弃自己所好转而识时务的那种初醒，而是一种欣喜：欣喜自己对初衷的坚持。那一页页排开的字，有如一行行的人生足迹。你的文字，应该跟着你的生命走，应该是你信念和情感的外化。一如你本身不该成为外物的奴隶一样，你的文字不应该是虚荣和金钱的奴隶。

进而言之，人生有使命，写作也有。几年来，我的文字 ——发表的和没有发表的 ——被阅读以千万计，积极的读者评论如潮涌。我满怀激情和感恩，感受着着写者和读者的互动交感，感受着这人和人之间的互相支撑、照明和鼓励。感动之余，心里充满了安详和成就感。

山村的冬夜静得只有几声狗叫。没有树叶声，因为树叶大抵都落光了。我翻开自己那些不曾被发表过的作品，心里坦然。寻梦，总该执着；然而，假如从写作和生命本性的关系这个角度看，那么，写作没有所谓收获，没有所谓被承认、被发表一类的事，没有什么努力和收成的问题。我的人生使我的写作完满，而写作反过来成全我的人生。

回味“美女作家”，宛如一曲遥远悦听的、少女时代耳边清脆的铃声。

（发表于《红杉林》2012 年冬季号）

从“网路文学”这个糊涂概念说开来

我发现人们特别喜欢为事物分类。我本来也很喜欢，从中学开始就学习为寰宇的各种人和事分类：有机物，无机物；卵生动物，胎生动物；草食动物，肉食动物；草本植物，木本植物；藻类，菌类；海洋气候，沙漠气候……当时很高兴，觉得自己是在长知识，学科学，认识这个世界，也认识作为人的自己。

到了大学，分类更往精密细腻处去，学习起来态度也更严肃，孜孜不倦，战战兢兢，生怕一个不留意，划错了类，世界就会像哈哈镜里面的事物那样变形。

我真正对分类感到厌倦是从信仰开始；也是从信仰开始，我心仪于寰宇的浑然一体，难切难割。教会还好，我去过的教会都是一团和气。我去过的宗教网路可就完全不和谐了，这种不和谐甚至深入到同信耶稣的人们中间。为数不少的人，喜欢把信耶稣的人分为真基督徒和假基督徒，好基督徒和坏基督徒。标准呢？论断者自己当然是又真又好，其他的就都得扔到烈火里去试真金。

文学也是。要知道，人们扬扬得意于分类的同时，往往忘了自己的脑袋有限，事物的发展常常会使自己的分类沦为不伦不类。“网路文学”现在就是个糊涂类。本来，它是网路勃发期间发表在网路上的小说、散文、诗歌等等的统称。由于报刊出版社投稿千难万难，许多作者借着网路的恩典，自行发表自己的作品。这些作品由于网路短平快等属性和其他原因，也很难得到报刊和出版社等有关部门，权威个人和团体的承认。于是网路文学颇成了边沿文学的代名词。

哪知，网路进一步蓬勃，纸路进一步萎缩，现在大的报纸杂志出版社等都在网上建立起自己的空间，刊载文学作品。那些文学作品，算不算网路文学呢？现在还有几家文学机构是不在网上刊登作品的呢？

网路文学这个词随着日新月异的网路载体的一统天下将会失去它原来的含义和意义，因为中心也好，边沿也好，都一样上网，一样通过大小各式电子屏幕传遍千家万户。网路不仅仅属于文学，网路已经成为了人们日常生活的环境之一，许多的生活事项，都可以更加便利和精确地在网上完成。

看来还是得回到正统文学和边沿文学这个分类中来。

这个分类很庸俗，是不是？不仅庸俗，也充满了势利。归根到底，正统 / 中心的不一定就好，边沿的不一定就不好。令我感触甚深的是我周围这个所谓的边沿文学世界的汪洋大海。许多作品是至真至情的好作品，语言风格也超凡脱俗，文采灵气斐然。可有谁知道这些作者呢？有谁正眼看他们一眼呢？有谁称他们作家文学家呢？当然，这些人中的许多人，他们本人并无意当什么家，他们只是认真写出了自己想要写的。而这，本身就是文学的平凡和伟大之处。文学，在属于人类集体文明馆的一部分之前，首先必须属于自己。

当然，文学的美好伟大处，还在于她语言艺术的精湛，这一点，文学和音乐、绘画、雕塑等是一个道理；粗制烂造的东西绝不是文学艺术。

对于我自己来说，我热爱文学，我在文学中经历梦境和现实，我在文学中成长和完善。不久前我转载的 Due Process 的散文《普天下风流天子 盖世界浪子班头【叁完结篇】》对我有许多的启发和撼动，其中有一段作者写道：“他（马烨）是我所认识的人中真正意义上的‘君子’……从不去狂妄地想能赐予别人什么，启发别人什么，而是自己缺失什么，却在追求自性完满的过程中最无目的性而又最不可抗拒地撼动了他人。”

各人有各人的文学观、人生观；每个人在不同的阶段上也会有不同的认知。现在我的认识和这一段话相吻合。通过我特殊的角度、视野和笔触，将我认为真善美的东西以及我的和这个世界的喜怒哀乐和七情六欲描绘出来、抒写出来。什么网路文学，什么正统文学，什么奖什么名，什么册数什么点击……是文学之外的物，就像钱是身外之物一样。执着和虔诚于文学，本性上当如执着和虔诚于真善美那样。那样，也只有那样了以后，我才领略到了以前没有领略到的，只有文学才能够给予一个人的自由和欢愉。

（文心文学社精品推荐，2010 年 7 月 11 日）

生命的秋天　文学的秋天

我在公司里有位好友，叫莎林。多少年了，莎林最喜欢做的一件事就是：用各色毛线 / 丝线编织一个又一个的织品：从帽子到围巾，从垫子到桌布。织成了不卖，而是当礼物送给亲朋好友。

昨天午餐上，莎林看看窗外，突然说了句：我爱秋天。

我了解莎林。我被莎林的短短话语所感动。

我应声：我也爱。接着发了一番议论和感慨，翻译成中文就是：

秋天，和人生的一个阶段以及人生的一种心态很相合拍。那个阶段以及那个心态就是，当一个人经过了人生的新鲜、勃发、热切、追求、欲望、焦虑等等之后，他的生命走进了一个全新的阶段和境界：平安的，祥和的、智慧的和自足的境界。自足，直观，简单地说就是古人的那句：不以物喜，不以己悲。

秋天，是造物在自然界特别创造的与人的那样一个境界相媲美、相映照、相合拍的季节。

秋天，是生命安宁的季节和境界；秋天，是一派大智致宁的魂。

同样的，文学也有一个境界，就是秋天的境界。

文学不是主义，文学不是得奖，文学就是文学；文学，就是人生。

文学是裸露着的作者的心与灵，作者的梦和生命。

文学是这样一颗心的美丽和细致的外化：这颗心完好保存着当初造物赐给人的质朴、慈悲和仁爱。

文学是作者一颗永远童真的心，不染不老，不屈不服，不衰不败。

能把那一切默默倾注于笔端之下，再不被之外的形形色色所牵引，所热动，那就是，文学的秋天了吧。

哦，莎林知道我爱写作。我跟她说过：我码字，就像你编织；她微笑，跟我说：真希望我能读中文……

不是悖论，但我确实是如此地热爱秋天！

“体制”内外

——对文学奖的一点看法

莫言不仅获得了诺贝尔文学奖，而且还成就了第一：第一位获得这项殊荣的中国本土作家。龙应台在祝贺莫言获奖时说了一句很中肯的话：“最泥土的人就最国际。”

假如读者还不能从龙应台的那句话里悟出道来，那么我再举一个例子。这次我去新州参加汉新文学颁奖典礼，有位评委发言说，有作者写信给她，问她：我的诗歌写得很好啊，为什么没得奖？她解释说，你的诗歌写得是不错，但是有个问题，我读你的“母亲”，读不出是你的母亲，而像是一般人的母亲。你的“母亲”没有你家的特色。

所有文学出版机构，所有文学奖项，都有一个体制的问题。这个体制有组织行政的因素，也有对文学作品本身的取向因素。你无法纳入或适合那体制，那个出版物和那项文学奖对你而言就难以企及。关于这个再举一例，《世界日报》副刊欢迎千字左右的稿件，你总投两三千字的散文，是不是自取退稿啊？

为什么是莫言得奖而不是其他人，比如余华？除了其他种种原因外，中国的泥土气浓烈应该是莫言获国际重视的一个重要缘由。这个“泥土气”，就是诺贝尔文学奖对各国文学作品的取向之一（当然不是全部,高行健的《灵山》就没有这个“泥土气”）。

那么，内地作家中是不是也有不少作者的优秀作品也很有地方泥土气，但是无门可入呢？肯定是有的。这就牵涉到一个组织体制的问题，所谓体制内和体制外；

所谓朝中和在野。民间有许多作者，因种种条件限制无法申请入中国作家协会（比如出版书难，而入作协是要有书的）；又因各主要文学杂志又有各自的“体制”，这些作者的作品难以见诸那些主流文学期刊媒体。而内地文学大奖，比如茅盾奖，都是从已出版作品中评选的，不是作者们可以自由投稿的。因此一切需要借助于体制力量方能接轨的文学奖，基本上可以说绝缘于大部分的民间作家。对于绝大多数文学爱好者来说，诺贝尔一类的文学大奖根本是难以企及的天马行空。诺奖不会来光顾你的博客，没有邮箱让你投稿。除了一般的体制限制，诺奖更有语言这道门中门，关中关。要知道，绝大部分文学爱好者都是业余爱好，他们大部分的时间无法用在文学上。要用那么有限的时间，过那么多的关卡，希望之渺茫是不言而喻的。

既是这样，那么体制内文学大奖从绝对的意义上说并不能代表人类整个文学的潜在最佳（当然它们有它们的相对代表性和合理性，这一点是要承认和尊重的）。

所幸，除了那些必须从已出版作品中评选的文学奖项外，还有一些文学奖是你可以自由参加的。比如每年的台湾联合报文学奖，时报文学奖，汉新文学奖，内地近期陆续发展起来的一些地方和组织的文学奖。这些奖项是作者们可以自由投稿的。我热情赞美这些文学奖项。尽管它们也有它们的取向和所好，但是毕竟，从组织体制上看，它们有邮箱，有地址，作者们，尤其是年轻的作者们可以自由投稿。这是一片自由得多得多的文学天地，文学殿堂。不要忘了，中国广受尊敬喜爱的王小波，之前投稿备受冷落，也是在夺得台湾联合报小说文学奖后才基本奠定他的文学地位。我也鼓励我的文友，特别是年轻文友们（毕竟希望在年轻一代身上），珍惜和尊重这样的上天赐予的机会，来之不易的机会，让你在少一些势利因素的文学天空翱翔的机会。当然，有条件和机遇，有那个心的话，也应该做体制内的努力。这两者，可以是并行不悖的。体制外，也应该并且可以有希望获得诺奖，或者和诺奖一样的文学辉煌。

文学是人文之学，和人灵肉相连。从信仰的角度上看，从根本上挚爱文学的，是造物主神自己。任何人为的文学奖，都无法从根本上，从生命的关注和拯救上抚摸和爱写作之人。一个有着坚定信仰的作家，他/她的心底必定有着这样一份圣洁的和幸福的文学感，这份感觉和感情无法撼动，它独立于任何人为体制之外。

蜘蛛仁心

每次打扫卫生，特别是打扫到墙角的时候，总能看到蜘蛛或是其他无名小虫仓皇逃窜。我是一个莫名其妙心软的人，对无害小虫我是尽量不去伤害它们的。我在想，自从人来到这个星球，人类对大多数比人古老得多的生物来说，简直是一场无休止的浩劫，无休止的灾难。人类傲立地球中心，搞爆破，于是地覆天翻，硝烟滚滚；盖高楼，于是丛林倒下，群山断背。人类想铲平哪里就铲平哪里；人类每天的动作都要以难以计量的小生物的消失为无声背景。

小虫子，它们大约只躲在墙角，躲在尽量远离人的偏僻处。几百万年的灾难似乎形成了它们特殊的遗传基因，那基因时时在提示它们：远离“庞然大物”的影子出没的地方。它们似乎自知在这个世界中的位置，很自觉地占据尽量少的空间。

蜘蛛是肉食动物，以捕食各类小虫为生，也因此无毒蜘蛛理论上被人认可为益虫。不过打扫起卫生来，各类蜘蛛同一揽子基本上都在被剿之列。我因为知道无毒蜘蛛对人类除了看上去碍手碍脚外并无害处，所以每次在房间内看到这类蜘蛛，我都会拿个什么东西兜着它们，然而把它们放室外去。有一次周末回家，见一细腿大蜘蛛竟然跑进了我的淋浴间。人大致天天洗澡，淋浴间五天没动静应该是个安全地吧，我替那蜘蛛思量。这会儿我要不做点什么，这只细腿大蜘蛛可立马就会被热水淋成泥。唉，我于是只好把衣服穿回去，拿过来一支苍蝇拍一个纸箱子，轻轻把那蜘蛛赶进箱子拎出屋外，让它到外头去做天然捕食吧。

我一直以为世界上大约只有我对蜘蛛一类小虫有这种不忍情结，殊不知这方面我并非独一无二。美国著名的儿童小说 *Charlotte’s Web*（夏洛特的网）讲的就是一只名为夏洛特的蜘蛛如何成了可爱小猪威尔伯的忠诚朋友并以她的聪明和她的网救了威尔伯，使他免于被屠的宿命。在这篇儿童文学里，从心如白纸般纯净的农庄女孩芬妮到聪明侠义的蜘蛛夏洛特，温柔的仁爱贯穿始终，人和小生物间仿佛无界，使得这部小说充满净化灵魂的魅力。中国古代儒学先贤们提出仁心推己及人、由近到远的模式："老吾老以及人之老，幼吾幼以及人之幼。"其实仁爱之心也未尝不能由远到近：假如一个人对小生物都会动怜爱之心，那么他/她应该更能够热爱自己的同类：人。

第四辑

诚评：让我拥抱你的孤独

写在中批诗抄前面

八九年春出国的时候，带着两只大提箱，里面有衣服，有被子，有茶具，甚至有一把中国式菜刀（当时听说在美国买不到中式菜刀）。国际航班行李总面积和总重量都有限制，行李物品是一选再选，而老木主编的《新诗潮诗集》上下册，就安放在那床鸭绒被的中间和我一起远渡重洋。

我至今不知老木是谁，特意上网查询，除了老木，还是老木，不知道他/她姓百家姓中的那一家，还是说，百家姓中就有“老”这个姓？

看来问题也不是很大，因为，真诗人——抱歉，容我这么说一次，尽管我向来厌恶和避免使用“真假”这种论断性极强的字眼和思维方式，因为我的信仰里有条来自主耶稣的戒命：不要论断——是不计较留名的。在真诗人那里，对至情和至性的欲望压过了对至名的欲望，或者有的诗人干脆就没有名的欲望。

再次借用耶稣基督的话:“高抬自己的,必要降卑;自己谦卑的,必要升高。”(《路加福音》18：14）也再次想起我朋友 DueProcess 的话：“真诗人的灵魂注定被延续，无法扼杀，因凡接近这灵魂的人，即使是孩童，都会不可抗拒地让它渗入自己的血脉骨髓。”

读老木编选的《新诗潮诗集》，读北岛、江河、杨炼、舒婷等诗人的诗，我没有小丢所言的那种上意识，但是下意识里，那些诗魂，却果不其然地已经渗入了我的血液中。我的读后感，那些诗，不仅形式结构上富有语言排比句不同于日常用语的架构齐整性和优美性，不仅思想前瞻，不仅仅以她形式上和抽象上的那些光点力度，更以她的热情，激情，她奇伟的意象和想象征服了我作为读者和诗歌爱好者兼写作者的心。

八五年以后，中国和中国人走过了漫长曲折的路，经历了起起落落，从物质到精神发生了难以想象的巨变。近三十年后，不知是偶然还是必然——偶然必然在我的认识里已经合一——我来到了中国艺术批评网站，我有幸读到了这里的诗人们的诗，我有幸再度被诗歌的心魂和力量所震撼和感动。

和八五新诗相比，我的感觉是，二十一世纪的中国新诗，少了（注意，不是没有）一点年轻心灵的那种圣洁的激情和理想，多了一点批判现实的冷静、凝重和具体。压抑和忧郁、苦痛和求索跨越了世纪似乎仍然一样延续着，潇洒和郁闷却有了不同的内涵。

八五新诗所处的年代，离八个样板戏的回音区尚近，理想和现实在诗人的图像里均还是比较抽象的；对那种比较抽象的理想的追寻和激情，掩盖了现实世界和人性在更为具体的层面上的存在。从另一个角度讲，我认为，从大众出发的激情，她的源头皆是一颗悲天悯人的心。与此相联系的，八五新诗里饱含了诗人们对祖国的赤子般的、深切的、沉甸甸的和带着忧伤的爱。

跨入二十一世纪的中国，世界不再抽象，欲望和人性是清晰并具具体体的；理想和信念却相反，是迷糊的，彷徨的，甚至是遭排斥的。物质成百倍的增加，社会却不复铁板一块；个体的意识抬头，体制却不具备同步的升腾……在这种生存环境和社会架构下，“真”诗人的诗歌有着逃脱不掉的宿命：那就是冷静、理性和批判现实主义的日趋成熟。此外，这个时期的诗人也更加关注人，人的生活和人性本身；更加关注和生命有关的课题，比如:生和死，生命的源头和去处，信仰和永生等等。除了天地河川，风雪雷电，花木虫草，日月时光等诗歌的永恒题材外，当代新诗的写作对象可以具体到柴米油盐……

作为读者和跨越了两个时代的诗歌爱好者、写作者，如果说八五新诗是以她的圣洁的激情感召了我并成了我生命的一部分，那么二十一世纪的中国新诗则是以她更为冷峻和具体的批判精神，对个人价值的寻觅，对人性的体现乃至对生命的思考以及与此相联系的忧郁和痛苦彷徨撼动了我；那种因为理想和现实间的巨大距离所带来的种种心境和情绪，甚至让我读了以后会跟着产生一种焦虑和不安。

从诗歌形式上讲，八五新诗仍然讲求诗歌的基本排比句式和韵律，而我所读到的多数当代诗歌，则已经不再受押韵的匡囿；句式也更加自由和散文化。形式的进一步自由，并没有削弱诗歌的魅力、美丽和力量。

这里我也要特别指出来，在中批，我也读了徐纯刚编译的《弗罗斯特诗精选》。就像他指出的，这些诗，真的是让我受益匪浅。

我要感谢这些诗人和他们的诗，是他们和他们的诗使我重新点燃了对诗的爱和热情。于是，就像念小学、中学甚至大学时那样，我读着中批诗坛的诗，顺手抄下来一些，我想和我海内外的朋友们分享这些不凡的却还没有充分流传开来的作品，同时也表达我对这些诗人们的敬意。

其实，也不需要我摘录，就像论坛标示的那样，中批诗坛“展示国内极具探索性诗歌作品”，你去读，你会感觉到，有如当年老木的《新诗潮诗集》那样，这个论坛的诗，将作为一个时代中国文学心脏搏动的见证和里程碑，呈现在世人面前。

（约写于2010年底）

放下奢侈，今夜让我拥有你的孤独

最近写了一首诗 :《从今天开始，我是诗的学生》——

很久了，
不知是知难而退
还是因为我竟然看不上你
今天开始，
我要重新恭恭敬敬
坐在你的殿堂里
有如生命重新来过
有如从头学习做人
诗，谢谢你接受我这个学生

在每间屋的每个漏雨处
在每双来不及端详新月的眼睛里
诗，我看到你的抖动，我也
听到你的呼吸
春去冬来，雁移花飞，诗
你变幻着一身的色泽
你的泪珠形状各异
可你的心，总如我们初识时

无论你我的故事如何推演

今天，永远，我是你的学生，诗

我说要当诗的学生，主要的含义并不是技术上的，而是内涵上的，更确切地说，我是从生命的层面上来说这话的。我希望我的人性有如诗一般淡定、深邃、宽广博大、虔诚和仁慈；我希望以那般的诗句和诗魂荡涤我心中的浮躁、自私和虚荣。

可是，我还是没有办法静下心来写诗，哪怕是默默地冥想一下，体味一下这个宇宙深处的那些感觉。忧伤也好，失落也罢，只管静静地让那诗的气息从周身流过。

我大约知道这是为什么。有种东西总揪心。

这个世界已经变得这样面目全非。人们所面对的一切已经回归到这样的一个基本面。这个基本面不再是吃穿，甚至也不复是价值。我宁愿把这个基本面叫做公义，公义以及和它相关的那些具体。直面这个基本面使得太多的东西 ——只要不是和它直接相关的 ——变为奢侈。海子成了奢侈，弗罗斯特成了奢侈，甚至李白、王之涣，更不用提柳永王维 。哲学也退回它遥远的星河。成了奢侈，所以没有人在读，没有人挂意。

这个世界变得这样孤独，人人沉默，是这孤独的因同时也是它的果。

现在的我，宁愿坐在孤灯下，细细品读那寻常巷陌或是十亩垄间的诗句。依稀觉得，我读得越深，这个世上的孤独就越浅，而我，也就得到一份安慰和满足。

底下三段长短句分别摘自张玉红的三首诗。我正好在和他合作撰写长篇小说，所以多介绍几句：张玉红生于军人世家，全家先后十八人穿过军装，他自己曾经是抱着为妈妈而战的老山儿郎。而今他以小店为业负担全家的生计。历经各种磨难，失败，坎坷，甚至耻辱，大浪依然淘不走一个战士和诗人的初衷。

每位诗人都有自己和诗的独特缘分。张玉红对诗赤诚非常，就是在猫耳洞里，他也没有停止过诗的挥洒。我几乎通读了他所有的诗。从底下这三段诗里，我读出了他诗歌的脊梁和魂魄：人格，价值，孤独。

上帝一闭眼

我的旧伤开始发芽

沉静的心 炮声隆隆

我学不会缴械

唯有感谢折磨我的人

（摘自张玉红《异乡的夜》）

太阳笑我只值一枚金币

月亮叹我只值一枚银币

土壤说 早和晚它们都说了

其实 你一文不值

你就是我 我就是你

（摘自张玉红《原来如此》）

我会站起身来让沙发接着说

不管你们说什么 我都会仔细听

我已经孤独到忘我了 早和你们抱成团了

你们都是人做的 为什么要沉默呢

来吧 说吧 倾诉吧 四十三岁的我做主

（摘自张玉红《四十三岁的我》）

底下是和慧平的《我的滇西我的村庄》。和慧平生在大怒江畔，他自我介绍：终日与引车卖浆者为伍，与贩夫走卒相亲相敬，知民生之疾苦，哀民生之多艰。和慧平曾经写过一首热血奔涌的《大怒江，我绣口一吐就是半个诗歌盛唐》。底下这一首与《大怒江……》诗风不同，挚爱与伤痛却一致。我想说我想起了“衣带渐宽终不悔，为伊消得人憔悴”；可这首《我的滇西我的村庄》没有了那两行名句的单薄，它是深厚的。我还想说我想起了《离骚》，可这首诗没有《离骚》的哀怨和飘忽，它像石头一样具体和坚忍。

这些年，我无数次蹚过月光的河流

像一个被流放的国王

在自己的领地上为一棵小草折射不到自己的光辉而哭泣

步履维艰 鞋子被月光打湿

两只鞋子在苍白的月色里说着想家的话

可是我不能停下

我的行囊里装着我的臣民需要的节气、雨水和庄稼

那些古铜色脸庞上似曾相似的祈雨表情

成为我最大的心病

我也曾抱住一块石头取暖

而月光越来越冷

那夜疲惫不堪的我终于睡着了

梦见抱着的石头开了花

我回到村庄了 村庄里雨水充沛 牛羊的乳房被奶水涨满

我看见自己的背影在秋风里日渐消瘦

我佝偻着腰 在我的滇西群山里渐行渐远

伤痛和孤独到了一定程度，或会引来某种麻木，这种麻木很诡异。比如取火这首《它凭什么凌晨三点将我叫醒》：

我已是一个睡眠很好的人，

从没在这个时辰醒来过

我已是一个没有了多余心思的人

对一切的一切都没了恐惧和慌乱

内心没有了快活，也没有了不快活

这种感觉已经持续很长一段时间了

那么，凌晨三点，凭什么

我被一只鸟

轻易地就叫醒？

能被一只鸟轻易地就叫醒，说明不是真麻木。这孤独痛苦和似麻不木之间的这个境地就是这首诗的心理大背景。取火另有一首诗叫《人间不好玩》。说人间不好玩的人，一定是清醒的人。这个世道里的诗人，就是这样被清醒和麻木折磨得死去活来。这是这许多诗人活着的一种状态。

活着是沉重的。活着涵盖了人世间的高贵与卑微，一切的不平与终极和谐。钱久钢在《冬至》里写道：

寂寞者的呼吸

它有白色的痕迹

越冷越能看得清

卑微者的身影

它有沉重的步伐

越冷越能撼动大地

每年冬至
我都能感觉到
活着的存在

和谐渺茫，不和谐是常态。不和谐导致绝望，而绝望的最终表述便是死亡。

他年。我老眼昏花，记忆丧尽
满目疮痍的肝肺自会告诉我
我所丧失的，我所忍辱的
我曾经为之疼痛，至死不休
（摘自钱久钢《烟毒》）

死亡是绝望的终极表述，但是死亡本身并不必然代表绝望。钱久钢的《遗嘱》表达了一个自认一生生活在昏暗里的人对阳光的终极渴望：

等到太阳升起的时候
我早已停止了呼吸
尽管没有沐浴过阳光是一大憾事
不过
我想在那个明净可爱的清晨
阳光一定会擦亮我的墓碑
（《遗嘱》节录）

诗人对阳光的渴望，对阳光养分的饥渴甚至到了这般程度：

阳光就像一只乳房
我好像飞到天上去
狠狠亲它两下
（摘自钱久钢《阳光就像一只乳房》）

这个比喻，前无古人，却极为生动，意味深长。到了这般程度的渴望，几近绝望。

在渴望和绝望之间挣扎是诗人活着的另一个状态。

不管对自己有多么绝望，对下一代的期许和祝福永远是人类希望的最后堡垒和绿洲，是绝望难挡的一份明媚。我近期又读了曾蒙诗。在那份淡定和无奈里，在那淡淡的忧伤中，我读到了光明：

朝向前途的落日，
俯身弯腰，
面对清晨和青草，
是如此地轻，
如此防不胜防。
像青草，
像青草上的太阳，
与我内心中的忧伤。
（摘自曾蒙《朝向前途的落日》）

充满希望。孩子，
我去过的那些地方，
美丽、纯朴
充满朋友的芬芳。
孩子，我希望你一如
庞大的国度
在每个花开的季节，
拥抱蝴蝶和幻想，
胸中一马平川。
（摘自曾蒙《祝福》）

这样一种前代人对下一代人的祝福让我感动。我只希望这祝福不含无奈。我只希望这祝福本身得到祝福。

诗是人类最神圣的文学形式，心灵形式。在风花雪月、苦思冥想、高吟低颂甚至有病呻吟皆成了奢侈的今天，我虔诚地翻开这一页页跳动着时代脉搏的诗篇，这直面今天苍茫人生的诗篇；我愿这样一首一首地读下去。离开了人心的同感同情，诗文有什么呢？文学有什么呢？放下奢侈，放下虚荣，甚至放下高远的晨曦月色，今夜，我不读策兰。今夜，让我拥有，让我拥抱你的诗心孤独。

（约写于2011年秋）

走下“神坛”的诗

诗歌是我（业余）文学生涯的第一个里程碑，我对她有着很深的情感和眷恋。少年乃至青年时代，总是把诗歌和激情、纯情、亲情、高尚、崇高、理想和浪漫这么一切范畴联系在一起。也难怪，那个年代，不管是写诗还是读诗，不管读中国诗还是外国诗，古代还是现代，诗歌总是和那些境界联系着，总是用于表达理想和情感一类的东西。情感又包括爱情和对家乡、祖国以及亲人的感情等等。

二十一世纪的第十个年头，我开始接触到了另类诗。这些诗，仿佛走下了诗歌固有的华丽和清高的殿堂，走进了最普通的生活领域，走进平民的心灵和视野。有异乡土地上的游民，有在布满尘土的路上的民工；站台前，田埂上，锅台边；感冒、咳嗽、发烧……如此等等，都成了当代诗歌的筋骨血脉。

诗歌走下神坛，是心灵走下神坛的表现。心不平则鸣。心鸣，又是时代的回音壁。以往的心灵，被某种理想所激荡，或被某种浪漫所牵引，鸣出来的是一种比较高亢的乐章；当代的心灵，回归人生的基本层面，折射心灵在物质和精神上的压抑、彷徨、不确定感以及某些种情结和愤慨，鸣出来的是相对低沉的交响曲。回归人生基本面的东西，读起来让人感到亲切、贴心，也非常容易理解和产生共鸣。

这些意象具体的现实主义诗篇，大大拓展了诗的疆域，扎实坚固了诗的根基。诗歌意象具体了，细节增多了，某种形式上仿佛拉近了诗和其他文学形式——散文甚至小说——的距离。但是，诗，仍然是诗，仍然有着它精粹的长短句式和它无可取代的一唱三叹的灵魂韵律。诗歌短小的篇幅里蕴藏着作者广袤的心灵空间。从古至今，真诚的诗歌，无论是现实主义还是浪漫主义作品，都是人类经历了各种苦难和欢愉之后最纯洁的文学结晶。

在我收录的诗歌里，像张玉红，罗霄山，h 好好，田大安，和慧平等诗人，都创作过这种风格的诗章。底下是曾蒙组诗《旁观者：见闻与目睹》中的两首：

沙 漏

在我家的自留地边，一堆乱石
被土埋住，上面的南瓜结得圆满，
南瓜藤在竹林里攀沿，
南瓜叶毛茸茸的，我的手经常被刺得很痒，
也很疼。在我看来，高大的竹林
是我永远不可企及的，我经常仰望它，
致使脖子酸痛……有趣的，还是低陷的
沙坑，里面的沙子细腻，手感很好，
适合玩耍。我常常看见父亲在地边锄草、
挖地，在黄昏，他挖掘的声音很响。
我看见父亲劳动，他显得愉快，不露声色。
如果雨天过后，沙坑变成了洼地，
一股股水流于是漫出，更下面的坡地
便能看见渗出的水渍，
田埂看起来潮湿。
后来，我知道了这是沙漏的作用。
后来，竹林被砍掉了，沙坑被填平了。
我便不再去玩了。
我也长大了，离开了老家。
那沙坑的作用是我的收获，
过滤了我许多记忆、经验。
父亲举过头顶的锄头锃亮，
在我童年的黄昏放射着一种特殊的光芒。

新 年

花儿开了，鸟儿却到远方去了，
树儿绿了，叶儿却变成了秋天的脑袋，

路面宽了，车儿却越开越危险，
日子好过了，却越来越想念从前，
人没有老，可是却念旧了。
我看见了，新年与旧年，
就像歌儿唱的那样，
没有两样。新年让我看见了成长，
看见了燕子再也不飞回来了，
看见了蓝天和白云，看见了阳光
越来越新鲜，人们的面容越来越
陌生。新年，让我对着大海喊：
请你平静一点。我想好好睡觉。

从来没有想过，诗歌可以这么具体地反映人生，诗句可以这样独自和读者叨叙。它不再有朦胧诗的踌躇羞涩和拖泥带水，它坦然率真，直抒胸臆。读曾蒙的诗，使我想起张玉红的诗，也想起弗罗斯特的诗（徐淳刚翻译）。曾蒙和张玉红都是四川人，他们的部分诗句，仿佛是在生活沉重的石碾底下喘息，读起来，叫我有隐痛之感，灵魂也仿佛跟着喘息。另一部分作品，特别是曾蒙的诗歌，则描绘了具体的景象和心绪。那些朴素无华的缓缓的言语，吟诵着现实的方方面面，人生的各种遭遇和心灵的绵绵思考，构成了现实主义诗歌的精髓。不管是迷茫、彷徨、忧伤、喘息，还是这一切之中诗人依然柔和的心肠，时而明媚的梦境和坚守陡峻的人格，这些真诚的长短句，作为一个时空的回音和映射，将永远留存人间，和一代代的人们窃窃私语。

（约写于 2011 年初）

华诗里程碑：海子

——麦地，阳光，黑雨

1989 年 3 月 24 日，诗人海子在山海关卧轨结束了自己的生命，年仅 25……

我思考过死，人类语言中能形象地形容死的词有三：空，冷，黑。这三个词的任何一个都足以叫人战栗。我怕过死……

世人谁无死，世人谁不曾畏过死。然而就像对死的恐惧和思索并没有使人人成为诗人——把诗歌放在生命、个体和生死神殿上来加以追寻崇拜的诗人——一样，我没有成为海子那般的诗人。

天和地奥秘无穷，奥妙无比。

对生命和生死的思考可以使人类产生最深刻的哲学，也可以使人类诞生最深刻的撼动灵魂的诗歌。

海子诗是我读过的当代华语诗歌中最深刻的篇章，也是最不好懂的诗之一，因为有许多个人的思维影像在里头；他给华语诗歌注入了生命和灵魂的张力；他的诗足够一个人研究半辈子。是的，一个只有 25 年生命的诗人的诗篇，足够一个不迂腐的聪明人研究半生。假如有“海学”出现，我一点也不会吃惊。海子是中国诗歌历史上一座空前的里程碑。不管你愿意不愿意，海子影响着他身后的中国诗人和诗歌。只有读了海子的诗，你才能理解海子以降的许多中国新诗，你才会对那里面的思索，寻觅，痛苦，彷徨，挣扎，撕裂乃至孤独和自尊感到一种熟悉和亲切感。

日 记

姐姐，今夜我在德令哈，夜色笼罩
姐姐，我今夜只有戈壁
草原尽头我两手空空
悲痛时握不住一颗泪滴
姐姐，今夜我在德令哈
这是雨水中一座荒凉的城
除了那些路过的和居住的
德令哈——今夜
这是唯一的，最后的，抒情。
这是唯一的，最后的，草原。
我把石头还给石头
让胜利的胜利
今夜青稞只属于她自己
一切都在生长
今夜我只有美丽的戈壁 空空
姐姐，今夜我不关心人类，我只想你

这首诗写出了诗人内心的孤独和苍凉，写出了这种心境下诗人对人间温情的一夜眷恋。说一夜，因为诗人接下来便宣言这是最后的抒情，最后的草原。草原我的理解和诗人笔下常出现的麦地有着同样的象征和内涵，它象征着地上人间的那些敦厚和温馨。海子用这首起名为《日记》的短诗，记下了跃跃欲飞的他对这地上曾经的一夜温馨。

答 复

麦地
别人看见你
觉得你温暖 美丽
我则站在你痛苦质问的中心
被你灼伤

我站在太阳 痛苦的芒上

麦地

神秘的质问者啊

当我痛苦地站在你的面前

你不能说我一无所有

你不能说我两手空空

这就是海子的特质。他出身农家，他对麦地有着天然的感情。然而他没有止此，敦厚温良的麦地，竟然会敏感痛苦地质问诗人；麦梢，是被太阳照射着的痛苦的芒。麦地既痛苦又神秘。这种质问，其实是诗人站在神秘的麦地和太阳之间时自我质问和表白的一种形式。

在《讯问》一诗里，我们再次看到了麦地和太阳的光芒。天、地、人是中国古代思想史上互相呼应的三个要素。这三者在这首诗里都出现。在这里，天和地是善的，是有情有义有意志的；在他们面前，同样是善的、有意志、有情义（否则他不会想到要偿还的事）的诗人体验到了一种全方位（感情和理性）的不对等感和无力感。这种感觉使诗人落入孤独，有如他头顶的那颗星辰。

读海子《月光》，我不禁问：月光，是生和死的中间地带吗？是生和死暂时沉默，达成平安宁静的那一个点吗？在诗人心目中，那应该是的。诗人把地上许多的美好和稀珍拿来比月光，可是似乎都比不了，比不了生死和谐的那一个境点，那一个诗人做梦都不敢想象的地方。

这个月光，似乎又是双重的，神秘的，我不知道诗人说的，月光照着月光，究竟是什么含义。我真的不知道。我问自己：那月光，是否正是代表了诗人最后舍生奔向的那个美丽和谐的梦幻之地？

《亚洲铜》一诗里，有死亡，有爱怀疑和飞翔的鸟，有淹没一切的海水；有自投江心的屈原和追随他脚印的年轻诗人；最后，有那神秘的、意味深长的月亮，这月亮就在黑暗中跳舞……

黑夜从大地上升起

遮住了光明的天空

丰收后荒凉的大地

黑夜从你内部升起

黑雨滴一样的鸟群

从黄昏飞入黑夜

黑夜一无所有

为何给我安慰

（《黑夜的献诗——献给黑夜的女儿》节录）

这首诗写于海子赴死前的半个月。这首黑底色的诗，使我前面对海子思路所寄的希望化为泡影。在这里，黑夜铺天盖地，内外皆是，每个角落布满，连液态都是黑的。诗人不接受任何安慰，他甚至在人最丰盛的时刻看到了死神阴森的眼睛。虽然最后写到了无边的天空，可是我并没有读出，没有看到诗人的灵命在最后刹那间的升腾。

这首诗让我感到忧郁、痛惋和忧伤，也使我战栗。

海子，不仅是中国诗史上的奇迹，他更是中国整个文化土壤里生长出来的奇异之花。说奇异，是因为他的思想超过那些对世俗人伦的关注而进入人和外界的对话以及对个体意义的思索寻觅；他不中庸，不回避，他直面生死和孤独，在它的旋涡里痛苦挣扎寻觅；他不退缩，不掩瞒，他勇往直前。他和他的诗是对中国传统文化的某种叛逆。然而，由于中国文化土壤里缺乏对一个有意志有情感、大爱大能的生命终极创造者和主宰者的信念，个体生命失去了终极的归依，向内的寻求很容易导向虚无和黑暗，个体的价值难以从它本身演绎得出。从这个角度上看，海子的黑底色是中国文化的一个影子，他至少，到死前的二十天也没有能够真正拥抱他诗里那轮光明和谐的月亮。

海子终究没有能够超越那片孕育养育了他和他的诗歌的麦地，他和那片阳光的距离其实只有一毫之隔，他曾经离它那么近过。

诗人和慧平，诙谐得这样温馨、质朴、恬然

坏蛋杨黎（节录）

二十年前，你《撒哈拉沙漠上的三张纸牌》静静反射出的
几圈小小光环照亮我，也照亮那个风起云涌
大师辈出的牛逼时代。非非杨黎
橡皮杨黎。废话杨黎。当然还有
那个长着红苹果脸的坏蛋杨黎
突然空降至我面前，身后美女粉丝如云
我这才感叹：杨黎真是个坏蛋
当《大家》主编韩旭向你介绍我时
我心中仰慕的那个废话大师
竟又冒出一句废话：云南诗人，我只知道于坚
坏蛋杨黎，你该知道的，即使是云南的一滴水
也蕴藏着诗歌的能量；即使是云南叫不出名字的
一座山，也氤氲出一部大气磅礴的诗篇

坐在我前面的小安（节录）

上个世纪的美女小安，今晚优雅地坐在我面前
韩东说：有幸和这样天才而高洁的诗人处于同一个时代

那我就孤独尾随其后

鉴赏着那个伟大时代的每一缕烽烟

就像现在

我本想握一握小安那双在第三代诗歌运动中最为白皙娴静的手

但突然想起曾被一个叫杨黎的天才坏蛋断断续续占有过

我的心只好疼了一下

无论是杨黎，还是小安，亦或是某某

你们依旧是我诗歌中的亲人

料峭春寒时分，我读到了这样暖烘烘的又潇洒自如的诗篇。仿佛置身诗人跟前，听他朗朗而诵，侃侃而谈。诗和话的界限暂时消失了，或者说，它们水乳交融，天衣无缝。在人心的真谛面前，言语还需要形式吗？

诗人和慧平，诙谐得这样温馨、质朴、恬然。

文人何时不相轻，文人何时才相爱——就在和慧平和杨黎亦诗亦话、童心无猜的那些分分秒秒里。

悲悯致远，点评阿麦诗

无字碑

在河州，我的故乡
我把敬重留给山冈，雪花，大风
爸爸，妈妈，孩子和心爱的女人……

我做不了什么
只能让我的文字活得坚挺一些，
我要和他们一起悲歌！

这爱，是真心的、深沉的、悠悠的爱，哀伤的爱，也是无奈的爱，因为我做不了什么；我一无所有，我只有诗。所以我要让我的诗更坚挺一些。坚挺的诗句，代表着我那和他们一同悲歌的意志；我的诗句，也就是我的悲歌。

想起王维（节录）

想起他，
或者想起李白，
或者任何一个站在长安街上的诗人，
总会有一种莫名的感动。

想起他们，

我羞于承认自己是一个诗人。

我们的时代，

有着或明或暗的潜规则。

我想说，我理解你的感动，但是你不需要羞愧，你的诗心和真诚，比起王维来并不逊色；或许我们一开始就不该这么比，但是我理解，因为诗人的心是相通的，尽管相隔千年的长河。

《找个借口，让爱黑白分明》一诗，让人亲临那炉火旁，体验那烤地瓜、小菠菜、金针菇和那个中年男人。这首诗的最后两句，文字内外，寓意万千。

我想看到花朵上展翅飞翔的鸟儿

我种植大面积的苜蓿。豢养千万头牛羊，马匹

在有月亮的夜晚。写一些小诗

诗里居住着黑人，白人，黄种人，棕色人种

他们疼爱自己的父母，妻子，女儿

哭泣的时候

有人会一起悲伤。家园里炊烟袅袅，柴草丰足

向日葵砌成的院墙，没有阴霾。房屋不曾上锁

他们不拒绝另一种语言

屋顶上白鸽飞翔

天空湛蓝……

这是一首爱心既缠绵又宽广的诗，诗人的仁心大爱从这抑扬顿挫的长短句里溢出。

以水的温度，唤醒……（节录）

那些草原，是我的导师

她们静谧如处子，那样站着，坐着，睡着，躺着，奔跑着……

她们说着家乡的语言，昆虫的语言，麻雀的语言

她们抱着小小的身体，互相取暖

我拍拍她们的肩膀，她们轻盈地闪过。那个

半遮面的女人，不让我窥视黑纱下的身子

左乳上蜂鸟惊飞！

草原，静谧如处子，温柔似母亲。犹如女人是男人的天然课堂，草原，是诗人的天然老师。

阿麦，来自甘肃。阿麦的诗，内涵是饱满的，情感是真挚赤诚的。从心到诗之间，看不到“再创作”的痕迹。虽然如此，阿麦的诗句仍然显示出诗歌特有的抑扬、韵力和流畅。阿麦的诗，以质朴平凡的文字，写下诗人一颗悲悯的心。那颗心带领着读者去经历草原、河流、那覆盖着白雪的房屋和大地上善良而苦难的人们，也把醇醇的爱情呈现在这个世界面前。

沙里途诗《月亮湾》赏析

月亮湾

你从水里出浴，我正游走在午夜的湖畔

隔岸，夜莺唱着后庭花

你的云衣霓裳已被风抱进了林子

看你双手遮掩胸部，浑身滴着晶莹的羞赧

我只能扯一缕忧愁递给你

你剜我一眼，含着泪笑成月亮湾

你知道除此之外，我也一无所有

读了这首诗，我当即就想起了一首英文歌：《在天堂的又一天》（*Another Day in Paradise*）。那首歌里描绘了一个需要帮助的盲女遇见一个失去听力的男人。你说，这两人如何交流？如何互助？如何……

一个男人和一个女人单独在一起，光这一点就足够美，足够让人浮想联翩。而诗人们，文学家们更是从不同的侧面和角度，通过不同的场景和故事，写出、烘托出各式美丽的情景和意境。

沙里途这首短短七行的《月亮湾》用词纯熟，诗技高超。他运用典雅的古代词语，描绘出一个幽静的午夜湖畔，一位秀丽的出浴佳人。想想那个情景……然而假如到此为止，这首诗就比较一般，充其量就是提供这么一个美好的场景让读者想象。

诗人当然没有停留于此。他把自己置身其中，成为这诗意盎然的场景中故事的另一个主角：和女主人公相对应的男主人公。他看着姑娘的云衣霓裳被风刮走，她慌张、羞涩、无措的样子，他却无法相助。因为他身上没有带着额外的衣服可供姑娘蔽体。除了忧愁之外，他一无所有。

除了忧愁，一无所有——这淡淡掠过的一句，点出了男主人的胸臆、人生和人性。

也许是看到他的忧郁，也许是感到他的善良，也许是没有了衣穿急切不知所措，也许都有，姑娘动容，她的泪眼宛如那美丽晶莹的月亮湾。

这首诗，短短七行，有境，有情，有意，有人（性），有故事。这首诗在我2011年诗歌最爱之列。

取火的诗，我读一首爱一首

“取火的诗，我读一首爱一首”，这句话不是我特意为了给文章一个题目而编出来的，它是我读取火诗过程中的真实感觉。这些读后感也不是在获悉取火要出书了才写，这一年多来，我已经禁不住三番五次写下了取火诗歌读后感。大家都知道好的文学语言不一定非要多高深玄妙。好诗好文常常是以非常平凡朴素的文字，写出人之常情、常心、常性而又发常人之所未发。取火的诗歌就是这样排成的。

《母亲》一诗写到看望儿郎的母亲回乡下去了，诗人思母，吃饭时喊母亲，端茶时喊母亲。每喊一声，他眼睛就热一次，心就疼一次。母亲爱儿郎，年迈了仍然不辞辛苦、携带特产来探望和照看。母亲走了，忙忙碌碌的儿子大概又是连地都没有空闲和心境去扫……读诗的人，听到诗人声声唤母，眼睛跟着泛潮。取火写父亲母亲的诗，亲情独运，平凡的长短句，硬是能催人泪下。

窗　前

我习惯站在窗前
有时是在清晨
有时是在午后
有时是在深夜
雨落下来
看雨落下来的样子
雪花飘下来

看雪花飘下来的样子

更多的时候看那棵树

静静的样子

有风时它摇摇头的样子

或弯弯腰的样子

不想起谁

也不期待什么

只是习惯站在窗前

静静发一会儿呆

这首《窗前》，从字到词，从词到句，从叙事到意象，整个的诗，如此地平易，却在这一点一滴的平凡中表达了人常有的难言的心境和情绪，淡淡的，也许是忧伤，也许是思念，像是寥落惆怅，又像是从容自然，或许还有埋藏非常深的某种期盼……这么“素面”的文字，给人这么心颤的共鸣和无尽的联想。

《一朵张望的兰花》是一首隽永的小诗。诗人两三句就把那朵兰花渴盼春天的少女般神态生动地勾勒了出来。虽然飞雪在路上，那一路小跑过来的、还在八百里外的春风，却是呼之欲来。一首八行的诗，把盼春的心情融入了兰花、飞雪和春风等几个意象里，把一幅含蓄的、情景交融的早春图呈现在读者面前。

一朵张望的兰花

听见脚步声

它伸长脖子张望

这一张望

将自己娇美的容颜过早地打开了

经过二月的我恰好看到

后悔，慌张，它喊……

此时春风距离江南还有八百里的路程要赶

一场小雪也在路上

取火的诗歌，同样的文字风骨，不仅有叙事抒怀，也表达人生的哲理。比如《无题》里对飞蛾扑火的感悟思考。又比如《大海说我是一个不够谦逊的人》，它用散文化的诗句，仿佛在不经意中就把人（不管是诗人还是科学家还是……）在大自然中沧海一粟的地位形象地描绘了出来：

在亚龙湾，我用力在沙滩上写下自己的名字

想证明作为一个诗人

来到三亚这片美丽的海滩

大海说我是一个还不够谦逊的人

随即涌上来一阵波浪

将我的名字轻轻抹平

在表达自己的诗歌观点时取火说：“诗歌是一个人在夜晚脱下喧嚣的外衣后，灵魂静静抵达另一个透明世界的魔方。”取火的诗歌大都蕴含诗人一份默默的孤独乃至深深的痛。《雕刻》则是这孤独和痛感的比较直接的反映。诗人在那首诗里就像雕刻家一样一刀一刻码着他的诗句。因了极深的疼痛，诗人似乎选择麻木；虽然孤独挥之不去，它却也成了石头般的淡定。

世界上没有无缘无故的孤独。在《精子》那首小诗中，诗人孤独的缘由不由自主地从他娓娓的诗句中流出。那是一个男人的孤独。在《鸟可以叫,人当然也可以》这首诗中，这男人的孤独也有所裸露：

哑笑之后我试图叫几声，可我叫什么呢?

没有大快活，也没有小快活

甚至连小悲伤，小思念都没有了

我凭什么可以像一只鸟那样叫呢?

夜晚是一个人躺下，翻身也压不到谁身上

也摸不到谁的大腿或胸脯，醒来时依旧是一个人

很长一段时间里，我就是一截被自己

劈开的木头，等待谁来把我点燃

取火的诗，如我们常常走过的路边的小草，朴素得惊人，真切得惊人，却也异常地丰富和幽深。因为小草，既潜身黑夜的阴森，也仰望苍穹的光芒；既汲取大地的精华，也餐饮云天的甘露。

取火，用显而易懂的语言，具体的形象，抒发他独特的灵感和深切的世俗情缘；以它朴实无华的诗句和诗心触及读者神经的敏感处，引发读者自然的心灵共鸣。取火的诗之所以能达到这样的功力，我觉得，是因为这些诗是他把自己的心放在人生的针毡上翻滚过后，在痛苦孤独的徘徊思考中，在几多不眠之夜和早起之晨的感悟

中写出来的。

游苏杭的时候，我一并游了无锡。那是很久很久以前的事了。不似苏杭的秀雅婉约，无锡有着自己独特的风韵。正如太湖所美好映照的那样，无锡，她特立、坦荡、纯净，她隽永、深沉、冷峭。读取火的诗，叫我想起无锡，想起太湖。有如太湖是无锡的镜子一般，取火诗，宛如就是太湖的一面镜子。

我读毕淑敏的小说

我以前认识一个叫咪咪的越南裔美容师。咪咪当过十三年的护士。她告诉我，那个时候，每天看着一个个人进来，又看着一个个人出去 ——有的还好，是欢欢喜喜回家去，可有好多，是去到太平间的。时间久了，她感觉自己神经快要崩溃掉。干了十三年后她再也忍受不了了，于是便离开了医院，改做美容。

毕淑敏本人是内科主治医师，她还在西藏阿里高原当了十一年的兵。这个独特的人生经历，给毕淑敏的作品打上了深深的肉体和生死烙印。我案头的这本《毕淑敏自选精品集》封面上列出的九部中短篇小说中，居然篇篇写到有人死，篇篇的主题都和生死有关！不仅如此，女医师作家的笔端还常触及死人和垂死的人体形的异样和皮囊内外，把生命的血肉载体连同它不甚美的、不甚强的那些方面赤裸裸呈现在读者面前，让人无法不正视生命脆弱无常的物质本性。当然，作家笔触的重心还是生命的价值、尊严、美丽和生命之爱的珍贵美好。

那一篇篇作品，有的可以看出是作者的再创作，有的风格上却非常写实。虽然说生死面前没有男女之别，但还是可以感到女作家特有的敏感、多愁、细腻和温柔。《在陵园的台阶上吃糖》写的是一群女兵如何为一位在边境战事中牺牲的年轻班长整理遗容的故事。如同作者的其他几部作品一样，这部小中篇非常细致地描写到了血和死者形体的改变，写到恐怖的伤口，还写到从死者身上携带的风湿膏推测年轻的班长生前可能犯有高原通病关节炎等等。不过最有震撼力的，还是女兵们在他的裤兜里发现了三块糖！作者写道：

“看着那三块糖，我突然热泪盈眶。在这之前我一直无法把死去的班长当成一个曾经活过的人，尽管他在我身边，我仍然觉得他是幻影，一点都不真实。但这一瞬，我明白他曾是一个活生生的人，像我一样爱吃糖。我被刻骨的悲伤击中。”

“在高原上，凡是外出，可能遭遇种种意外……要想生存下去，你必须要有热量。糖就是最好的能量……”

“这几块糖，是班长临出发的时候，装入口袋的……糖，是高原的护身符，班长放入这糖的时候，一定是满怀生的渴望……”

够了女作家，读到这里，我已然也被刻骨的悲伤击中！毕淑敏在该书序言中说：“我愿用我的书握住你的手。用力。紧紧。”此时，我真的有和作者远握的感觉。

后来，小说中的“我”偷偷把那三颗糖放回殉难班长的右裤兜里，让它们陪着年轻的班长同赴另一端……

这部小说描写很平和，却能带给读者极大的震撼。我想，这种震撼力是来自作者真实的经历；而这平和，也源自生活，它来自作者在经历了种种生死洗礼后的淡定。

中篇小说《生生不已》讲了一个简单的故事：一对夫妇的孩子因犯不治之症而去世。孩子的母亲几近疯狂。为了挽救生者，医生给孩子她爸建议再生一胎。二度怀孕果然带给母亲新的欣喜和希望。不幸分娩难产，母亲危在旦夕。弥留之际，她要求医生把孩子抱到她跟前，她把最后的生命力逼到两目之间盯着孩子看。后来，人们惊讶地发现，孩子的眼光就像他母亲！这部小说故事虽然简单，但是细节生动而入木三分。读到最后我感到所谓的母爱父爱，其中天然的一个成素，就是人对自己生命延续的渴望。

其他几部作品《术者》，《阿里》等，也交映着人性的光明和昏晦，叫人读了心潮起伏，难以释怀。

毕淑敏的作品描写了对生命本性及其价值的独特体验和思考，在生死的严酷现实和逼真细节面前展现了一位女性天然的温柔、单纯和仁爱，这仁爱不单薄也不怯懦，它是饱满宽厚的，勇敢坚强的。

毕淑敏说：“写作是命运的延续。”我还想到，写作是生命和仁爱的延续——不仅仅是作者生命的延续，它也是作者笔下那些真实人物的生命的延续；不仅仅是作者的仁爱，它也激发了读者人性中最善良祥和的那些东西，引领读者回归生命的基本层面。

漫议黄良中篇小说《石头记》

黄良 1991 年发表的中篇小说《石头记》,我直到今年（2011 年）回国时才在《新光》杂志 100 期专辑里读到。该小说曾获得福建省第六届优秀文学奖和第二届黄长咸文学奖三等奖。这部小说在我心目中实属文学上乘，从语言到故事，从描写到叙述，她都以其人文厚度震慑了我；这人文厚度涵盖了文化的共性和我们这个民族文化里的特质。

《石头记》里最先出现的主人公，按其所好可称之为“雕塑家”；按照世俗的价值，则可称之为一个来去无踪的“平凡人”。然而在黄良笔下，尽管他在小说开头似乎极力想把雕塑家描绘成一个没有任何稀奇和值得玩味之处的人，但是不难读出，在作者心目中，这位雕塑家有着他作为一个人的不凡。他虔诚于他钟爱的雕塑艺术这一点还只是他人性中第二位的东西，雕塑家人性里的壮丽点首先在于他对人本身的关注，在于他对人体美和灵魂美的体验。雕塑家对人的认知度，使他达到了一个艺术的特殊境界，那境界里有艺术的纯美、悲凉，还有一种返璞归真的力量。

这样一位雕塑家，平生只有一件作品。对于这件作品，作者一开始也似乎极力想把它写得无声无戏。然而那深思和激情交织的笔触，却张开感性和理性的翅膀，使那尊石雕人走过了一段又一段奇异的路，见证了许多人生，触动了一个个不同的人。最后，石雕原型二福登场，艺术和人生终于短兵相接般相遇，小说以二福把这尊集荣辱悲喜和实虚为一身的石头人亲手砸碎结束。

一

我总是觉得，我们的文学艺术里民族的特性太强，人文的普遍意识不够。这一点表现在批判现实主义作品里，就是批判有余，建树不足，缺乏人性的光辉亮点。《石头记》在这方面有着有力的突破。伍全根这个人物是现实主义的，他没有丝毫的对于自身现实的超越；二福和雕塑家这两个人物基本上也是现实主义的，但是这两个人物在一定的程度上，从不同的角度带着一点理想的光芒，尽管这光芒是悲情的（如雕塑家）和短暂的（如二福）。而男孩锐儿这个人物的身上，闪烁着人性返朴归真的欣喜和期冀。锐儿是这部小说的亮点，只有他，是雕塑家和传说英雄后羿的真正知音，他把整部小说领上浪漫的高度。浪漫本身不是属世的，但是人世的沉重、庸碌和憔悴却在一定的契机下帮助人反观浪漫的真实、丰满和美妙。

《石头记》，有着现实主义的真实深沉和浪漫主义的真诚激奋；作者以一尊石雕人为纽带，在这两者之间建立起自然的交会点。

二

《石头记》这部小说的现实主义深度，根植于作者的经历、阅历和思考，并以含金量丰富的、略带诙谐的文学语言做载体。我了解到，黄良有过木作、油漆及其他许多杂工经历，他的故乡金井村有着悠久醇厚的人文蕴含。这些，是《石头记》这部小说坚实的基奠。

在描写雕塑家时作者写道：

他这辈子就做过这么一件作品，平生受到的称颂和侮辱也都是这件作品带来的。刚开始，称赞夸奖的文章几乎占满了一大版，时隔不到一年，又前前后后发了四大版揭批和声讨的文章。这一版和四版的文章，没有一篇写得不漂亮、雄辩，文采也好得叫人转世投胎了也忘不掉，以致雕塑家受到称赞的时候，当真也以为自己了不得，中国的雕塑史都要重新改写了；而当他受到诅咒和鞭挞的时候，他又当真地认为自己要背叛祖国，践踏艺术，犯下了滔天大罪，陷入了深深的忏悔和自责之中。

这段细致到位的描述，揭示了国人认识事物易趋公式概念化、凡事好走极端的认知模式。我们的雕塑家没能抵挡住外界的忽左忽右，沧海横流里迷失了主心骨：

先头，对他的褒奖是错了，后来，对他的批评似乎也错了，于是，他就神志恍惚起来。有一天，走在街上，被一辆自行车迎面撞倒了，就再也没有爬起来过。

作者进一步剖析：

总之，他不像那些浑身是戏的人物，在他的欢乐中既无高尚可寻，在他的痛苦中也找不到任何美好的东西。没有这些东西，那欢乐和痛苦就不值得玩味了。

后来，他就死了。

死得也没戏。如果是受了许多酷刑和私刑，被批斗死的也好，那就很悲惨；要不，身陷囹圄却壮心不已，……那就很悲壮。不是的，他死得既不悲惨，又不悲壮。

从以上的描述中，除了读出雕塑家的脆弱面外，我也读出了作者对国人一般人生观的某种颠覆，读出了作者对伟大和平凡的认识。人既不是寄伟大于平凡中，平凡和伟大之间也没有什么必然关联，人无所谓平凡，也无所谓伟大，人就是这样的一种存在。这是作者对他小说主人公的现实主义审视。

当然，到了末章，当作者再度回到雕塑家的故事时，这位雕塑家却以极其不平凡的姿态重新来到读者面前。这是一位对人体美充满了敏感和激情的艺术家，他从人体美里触摸到了人的内蕴内能。他对人和艺术满怀虔诚。在他的心里，有一个属于他自己的英雄：射落九日的后羿。他为这位英雄的形象而激动不已，寝食不安；他徘徊痛苦于一个神勇的羿和一个沉静甚至悲哀的羿之间。他的这份虔诚、沉思和挣扎，使得他这一辈子唯一的一件艺术品震撼并敲开了一位十二岁男孩的心门。

三

这位十二岁男孩叫锐儿。锐儿是个很特别的男孩，对事物有着特殊的敏锐和观察角度。他能把他的学校，乃至他的整个镇子看成一条船。这一天，他在围墙内的稻草丛中意外地发现了这尊石头人：羿。底下就是小说对这个难以言喻的美妙邂逅的部分描写：

他又笑又跳地绕着石人转了一圈，返回头来，又连蹦带跳地转了第二圈……他想要用稻草擦去石人身上的污垢泥土，又……怕把石人弄坏……

擦着擦着，锐儿不觉住了手。这个一刻不动弹就会皮子痒骨头疼的孩子，竟然不可想象地安静下来。他双膝跪在石头人面前，两眼怔怔地望着石人，一眨也不眨。

……

亢奋的浪潮汹涌之后的这一片宁静，是无由言说的。孩子混沌蒙昧的心扉开启了，一个崭新陌生的世界出现在他的眼前。在这个世界里，人是那么美好，充满生机。湍急的江河，荒远的峰峦，落叶的树，开花的草，都为了人而存在；为了人，他们的生存就有了意义，就变得美好。

一个十二岁的乡下孩子，慧根未芽，习性初发；心中包含着那么一点善和恶，真和假，美和丑。一朝面对这么一尊裸体石雕人，它敞开着的人体纯美和力，它眼睛里射出的光辉，成了男孩锐儿认识自身以及自身和外界关系的二度启蒙。这个认识使他欣喜、欢愉和兴奋，使他从内心热爱生命和自然并对这一切充满希望，使他人性深处的美善迸发。这一生命的升腾变化使得顽皮并有叛逆精神的他神奇地趋于沉静。他热爱这石人，期待着再次和他相聚，这期待竟然到了灵魂出窍的地步。

当孩子发现石头人不见了后，我看到了他眼里噙着的泪，我的心和他稚弱的心一起碎了。

作者并没有就此打住。锐儿以他全部的童真拥抱那尊石雕和羿的英雄事迹，使得我相信后来整个河滩上激动人心的、有关羿的画就出自锐儿的手。有如人不屈服于死亡的浪漫主义倔强一般，锐儿对石雕人的热爱和向往也是倔强的，不屈的。

四

激情过后，石人的故事转入另一个层面。和锐儿不同，伍全根是个五十几岁的彻头彻尾的农民，中国农民。借着他和那尊石雕人的偶遇，他对石雕人的态度，黄良塑造了这么一个浑身泥味稻香的中国普通农民形象，挖掘了这个人物的遗传基因和心性特质。

他是一个对土地和庄稼依赖到几乎是信仰地步的人。小说这样描写道：

儿子相信奇迹。老子一辈子没见过奇迹，老子不相信它。没有本钱你种不出银耳也烧不出砖瓦。他认定了先有钱才能富，而不是富了才有钱。

伍全根要是挖出来个黑罐子，他是不会把钱拿出来去种银耳的，也当然不会像倒霉的罗老头拿去买田……他要把钱全买了粮食，即使天干他娘的十年，他就不愁吃了。

一个实实在在靠天地吃饭的庄稼人，粮食就是他的保险。他一生没挨过奇迹的边，不具备这个范畴内的一切思维。关于贫和富，他的思维模式只有永恒不变的一个，一个思路走到底。

说伍全根不相信奇迹其实也片面，因为，伍全根又是一个迷信的人。意外的收获使他信神灵的相助;意外的灾祸使他信异物的恶搞。神灵相助就是福，就是奇迹。神灵是看不见摸不着的，所以图腾或偶像，其形象看上去是离人越远越好，越远越显示它的真实度和可信度。这样看来，和那尊石人的相遇对伍全根来说没有任何实际意义：它不能给他生出钱或庄稼来，它也显然不是个能赐福于他的神灵，非但不能赐福，有过许多不幸经历的伍全根有理由惧怕它，怕它是个邪灵附体的怪物。既对它不感兴趣，又小心翼翼不敢忤逆，于是，伍全根合乎逻辑地把石头人丢在了神庙边上。

农民伍全根和那尊石像的缘分就是这样地薄。

不过且慢，当懂得点“文明”的儿子伍文明说那尊石像能卖钱，能卖许多许多的钱时，可怜的伍全根便病倒了。

伍全根故事的结尾和锐儿故事的结尾形成了下沉和上升的巨大反差，小说达到了现实与浪漫的双重高度。

高潮还在后头。

五

小说末章，作者让石人的原型二福登场。石人和二福的重逢是令人战栗的一幕。在写完二福认出石人时如何泪下后，作者写道：

当他（二福）伸出两只茧疤瘢瘢的粗糙大手去抚摸雕像的时候，那石头人都颤抖了起来。什么，这就是我？——石头人想。

什么，这就是我？——过路人（二福）也想。

简直不能叫人相信：它就是艺术中的他，而他就是生活中的它。

不，这一定是不真实的，不是生活错了，就是艺术错了。

艺术和生活都是真实的，它们的真实性来自人这一存在的多重性。具体到二福这个人物，在一定条件下，那充满活力的、纯美浪漫的艺术真实会从身上体现出来；在另一种条件下，生活的真实，那被折磨得憔悴万状、疲惫不堪的形态会出现。两种真实，充满了哲理，体现了存在的错综复杂。黄良通过他的文学语言向读者启示了这一点。

小说最后，有如石人自己预料，它的旅程到了终点，它被二福用开山铁锤砸得粉碎。二福这一激烈举动意味着什么？二福和锐儿不同。锐儿从石人身上看到了真实的自己和外界以及那真实背后的光芒和希望。二福则始终没有看到一个真实的自己，不管是艺术上的还是生活中的。二福身上没有亮点，直到最后，作者描写他仍在彷徨之中：

他抬起头，看看左边那条路，又看看右边那条路。

他再看看左边……

他再看看右边……

他的碎石不带建设性，我只能理解为是盲目和情绪化的。也因此，我认为小说的结局是悲剧性的。雕塑家和二福都是悲剧性人物。两人的悲剧有社会的原因，也有个人的原因。雕塑家我们前面分析过了。二福徒有健美之躯，并无真切的自我意识，除了外因，他的懦弱和不幸互为因果，他的人生是惨淡的。石头人的命运也是悲剧性的，它和它主人一样，死不得其所。羿是一代英雄，射落九日，为民除害。羿的生命有他的选择和意志，他的目标和伟业。而石头人羿则是被一个懦夫所盲目摧毁。二福和石人互相端详时惊讶万分，我想真实的羿若和石人羿相逢，也会为他们的不同命运而长叹不已！

二福碎石应该是本部小说的高潮，然而读到这里，我的情绪却陷低谷；我从内心呼唤男孩锐儿，也呼唤那真正的羿，石雕背后的那道灵魂……

《石头记》，从正和反、现实和浪漫两方面展示了人生乃至生命的一幅幅画面。

六

由此很自然的，我读出了黄良这部小说的艺术手法及其成功。

首先，小说是人物和故事的舞台。《石头记》借着石头人和不同人物的相遇，以轻型中篇的篇幅，成功地塑造了雕塑家、锐儿、伍全根和二福等典型人物，娓娓道出了他们的故事，通过这些人物和故事揭示了我们文化的一些特质以及这文化孕育下的人性和人生；与此同时，作者依稀远眺天际的光芒。

《石头记》的一个显著特点，是它的反差手法。生活中的二福和艺术上的石人之间，传说中的羿和石雕人羿之间是最大的两个反差；二福和锐儿之间，锐儿和伍全根之间，甚至雕塑家和他的作品之间都存在着相当程度上的反差。这些反差，反映了理想和现实的距离，文化和人性的差异，折射着生活的真实和人生的轨迹。这些反差也从不同的层面体现了这个世界的许多哲理。

《石头记》情节是跳跃性的，它随主人公们的跳跃式进场而穿插铺开；该小说又是寓言式的，它通过一个没有生命的石头人的旅行，它和小说主人公们的际遇而展开、推演它的故事。

命名讲究，也是该小说的特点。锐儿、伍全根、伍文明、二福等，都是作者用心推敲的结果。它们或与人物性格吻合，或与人物特点或命运相配。有人说过，好的小说家会细心为他的人物命名。此事看似简单，却可见作家写作风格和态度的一斑。

语言是小说鹏程的翅膀。《石头记》在语言上下了相当的功夫。除了前面提到的含金量 ——就是字里行间高水平镶嵌着的作者的思想、态度和情感——总的感觉，它语言精致，时带诙谐；描写到位，细致如深雕细琢。实例本文已举许多，再如这段：

太阳升起来了，明媚温暖的光辉照耀着孩子和石人，在他们的衣褶和肌肉下边，投下玫瑰色的暗影。蓝色的雾霭和更蓝一些的炊烟，在阳光的热力下升腾着、蒸蔚着。风在墙头的草棵间絮语，带着植物和泥土的温馨甘甜气息，摩挲着孩子的面颊和头发。钟声在远处什么地方回荡，清越又悠远……

如果需要，作者还会提供如诗般的情景，比如对远方号子声的那段描绘。如果说语言的含金量和深雕细琢是优秀中短篇小说必不可少的成素，那么情景烘托则是锦上添花。

这次回国有幸认识黄良，言谈间感觉他是个深沉果敢的人。他和我分享说：少年写诗因感情；青年写散文因理想，中年写小说因信仰，老年写杂文因思想。四十六岁的他，已准备把自己归属老年并考虑主攻杂文。我相信他会写出出色的、破立互见的杂文来。我也同样期盼着他新的小说力作。以他的语言能力、阅历和思想深度，杂文或小说，我都相信黄良作品的文学高度。

（《星光》2011 年第四期）

闽南人读《台湾，你一定要去》

年幼时，台湾是遥远的，可又是亲切的，因为奶奶唱的闽南歌歌词就是："我爱我的台湾啊……"台湾，是我的。这遥远和亲切在我童年心里交织，构成了台湾的神秘：既然这么亲切，为什么去不了。

长大了，台湾的亲切感更加具体。台湾话和老家话有着同样的词语，同样的咬字。台湾菜和老家菜有着诸多相类。还有房屋、建筑、树木、山水、庙宇乃至庙宇里的大仙，都是这般似曾相识。

认识了为力，见她对台湾那么情有独钟，写了那么多有关台湾的文字，我心里是滋味，又真不是滋味。她是北方人，竟然比我先去台湾，竟然能在台湾住那么长时间，竟然能写出那么多我这操闽南话的人写不出来的东西。也许是为了安抚我吧，为力把书稿电邮过来给我先睹为快。一口气读下来，我的略带嫉妒嫌疑的心绪化为安详。

海内存知己，天涯若比邻。原来这世间的关系，不在远近，乃在缘分。为力她，怀揣一颗谦卑的心，一颗既细腻又开放的心，一颗柔柔的爱心，体验宝岛的一山一水一花一木，亲近宝岛的父老乡亲，观察宝岛人文风土，品尝宝岛七色美味。为力的心和台湾的灵有种美妙的和谐，《台湾，你一定要去》的成书不偶然。这本书读起来行文平易简朴，但是你能感觉得到作者注于字里行间的对宝岛的情感，通篇文字涌动着亲和力。

凭着她渊博的才学、包容开放的心胸和农科专业优势，靠着在台湾一年多的亲临其境，为力的《台湾，你一定要去》从历史的纵深度和地域的宽广度涵盖描写了宝岛台湾的方方面面，揭示了作为读者的我不知道或没有注意到的许多东西。书的开头就引人入胜地点出了台湾貌似矛盾的诸多表象和多元和谐的内在实质。我不知道日月潭比杭州西湖大出许多。我也不知道日月潭石雕有那么独特的风格韵味。阿里山的樱花茶园、参天神木和云海夕晖叫我心驰神往。寺庙祭典上人们的扮相让我联想起老家的索罗莲。而那胜地龙山寺，更是和我童年离幼稚园不远处的那座龙山寺跨海神似。还有伟大的山脉太鲁阁，它和立雾溪绵延了万世的石水情爱，切割出美丽的河谷，叫我无法不联想到美国的大峡谷。为力敏感细致的笔触，写出了台湾的丰盛，描绘了她的特质，也暗示了她和世界的内在共性。台湾土著居民的历史、生活和文化也在作者的视野之内。我更是感谢作者在书中附了那么丰富的图片，使我不仅随着她的笔端神游，更跟着她的步履触摸宝岛山水人脉，宝岛的悲情和奋激。

《台湾，你一定要去》让我感到自己以前对台湾认识的单薄肤浅，她再度激发了我的赴台欲望。是的，对许许多多的海内外大陆同胞来说，台湾，是一定要去的。因为，正如为力书中所描绘，这颗从远古而来的海上珍珠有着那样深邃的美丽和神奇，构成她难以抗拒的恒久魅力。

读志梅

因着散文大奖活动，郭志梅和我相遇于中国首都北京。偶遇？必遇？我说不清楚。祖籍一个四川，一个福建；一个来自西安，一个来自洛杉矶。我们俩，不说彻头也可以说是彻尾的不同。

方位不同，灵性也各异。志梅比我勇敢，比我率真，也比我热情。

我们就那么的相遇了。她给我的直观感觉就是热情、平易和精力充沛。大概是因为这个原因，那天，在散文研讨会场，我走到后排座位，坐在了她的边上。我们年龄相仿，她却一口一个老师地叫，还特意给我取来了一杯水，让我不光难为情，还油然而生几分自责。

志梅送给了我她写的两本书，一本叫《梅园晨心》，一本叫《晨心飞翔》。她后来告诉我，那是她当时手头仅有的一套书。哦，记起来了，当时她是显得有些犹豫，难为她的热情！

这两本书内容体裁和风格基本一样。除了记录志梅一点一滴的生活经历和体会感悟外，也收集了一些朋友的评论。两本书让我走进了郭志梅的世界。郭志梅，她真真正正是一个平凡中隐藏着饱满能量的女子，一个勇敢、率真、执着、积极、热忱和美丽的女子。她的文字，没有文学的森严和道貌，我也不从纯粹文学的角度去欣赏。我读她的文字，有如读她这个活生生的、有血有肉的人，柔和而刚强，琐碎而特异。

这两部书里有四个地方感动了我。

第一是写到作者的故乡天兴沟。作者用“今生今世心中永远的痛”来形容自己生命的一部分，母地天兴沟的废弃给作者留下的创伤；用整整十三页的篇幅，叙述了自己重访童年故乡一步一回忆的经历和忍看故土成废墟的伤感哀愁以及生命深处的疼痛。

第二是作者毅然游藏。七天假期，志梅没有多少犹豫，下定决心访问西藏。她来到布达拉宫，触摸湛蓝的高原苍穹；她拜访松赞干布出生地，亲尝藏族老人的酥油茶；她鞠圣湖之水，凌那根拉之高；她探险雅鲁藏布江峡谷，品读六世达赖情诗……她让我觉得很勇敢和伟大，只身（尽管她有一位同行）赴西藏的女人，在我眼里是勇敢的和伟大的女人。

第三是作者写到死亡也是动力。那思路起于作者为自己买了块墓地。这墓地神奇、生动地提醒作者：生命是有长度、有终点的。这提醒又奇妙地给作者的生活注入了新的活力。她开始抓紧时间对自己好，也对自己所爱的人好；她抓紧时间做想要做的事，和亲人分享想要分享的东西。一个积极达观的人，面对死亡也一样是积极达观的，一样是美丽明媚的。

最后，这两本书配有许多精彩图片。它们有的是平凡的生活照，有的是珍贵的历史画面。这些图片点缀、诠释着作者的人生和文字，使得两本书显得更加逼真、丰盛，富有风采和感染力。

尽管逻辑不能反过来用，我还是要说，文学不必名人，不必大奖，文学就是文学。文学可以是那么近，那么近地挨着一个人的生活琐碎和精神悸动，又从那里那么亲切和强有力地弹回另一个人的心。文学的悲喜，就在其中。

志梅的作品，单篇和书籍，均获得过省、市和全国性的许多文学奖项，包括第四届冰心散文优秀奖。郭志梅，以她积极、率真的人生态度和作为，感染、激励着她周围的人们，也感染激励着接触过她文字的人们，包括我。

谢谢志梅慷慨赠书！谢谢作者的人生分享。两本书都在我案前放着，我想我应该会百读而不厌，因为它们真实、质朴，不威不腻。

（2011 年 8、9 月间，洛杉矶）

从智慧到和谐

——读《好女人兵法》

我和加拿大女作家文章相识多年，有幸在脱稿之际就读到了她的新作《好女人兵法》。

文章是位勤奋的作家。她关注婚姻家庭及两性关系，从人性和中外文化等角度进行了细致的研究思考。她一步一个脚印地写作耕耘。终于，一部结构匀称，有着内在联系的女性主题散文随笔集诞生了。

本来我对汗牛充栋的两性关系文章并没有多少兴趣。原因之一是觉得自己有一套，很成熟很稳定。可那并不表示我在婚姻家庭的方方面面都处理得很好，没有矛盾没有苦恼。《好女人兵法》给了我多方启发。读的过程中我时有顿悟甚至心惊的感觉。我在感受到一个睿智、热情和负责的女子的同时，也反观到我自己的冷淡和责任心的不周。一个热情和富有责任心的女人，是会为两性关系精心策划的女人。她在努力经营家庭的同时，也努力地丰富和美丽自己。经营家，要从经营女人自己开始。文章在书中和女人们分享一个道理：一个家庭的成功度，首先在于女人的成功度。在《女人的事业》一文中她写道："因为上帝不能到每个家庭，所以创造了母亲。"在本书后记中她说："别人认为男人对一个家庭很重要，我认为男人最多只能决定一个家庭的经济状况，而一个家庭是否幸福是由女人决定的。日子过成什么样，丈夫的事业能发展到什么程度，孩子有怎样的前途，女主人的作用不可低估。"

书名虽然叫《好女人兵法》，其实通篇讲的不是战，而是和：从智慧到和谐。这智慧，有的直接关乎两性关系，比如《贤惠限量》、《给爱情"放风"》，更多的是女人乃至人性层面上的智慧。如《四十岁以前要做的最重要的一件事》、《幸福性格》。还有许多篇章超越了技术上的小智慧,进入了态度、观念和心灵的生命大智慧。比如《苦难教会我们什么》、《除去心中的恨毒》、《死亡随想》。全书在家庭、人际、职业、教育、子女、旅游、文化、友谊等具体方面和读者分享了作者作为一个妻子、母亲、女儿和职员的丰富经历和由此凝聚的人生智慧。这智慧到达的不仅是男女间、人际间的和平，它还到达自身的和谐，就是人自己跟自己的和平。

不禁想起了过去那些男女非常不平等的年代。几百年，几千年……女人走过了漫漫长路，可又似乎总在同样的两性关系圈里计较着打着转。我常觉得，男女关系是定数，男女各自只能在上天设计好了的这个圈里尽量施展各自的能量和所长。在这个较量中，女人多处于被动、从属和守势。今天仍有许多文字“教导”女人如何乔装打扮自己，吸引男人，勾住男心……总在技术层面上喋喋不休。《好女人兵法》以清新和宽广的人文视野和温和的女性心灵气度,从人性的而不是单纯技术的层面,展现了女人全新的丰姿和魅力。

写到这里我更无法不想到萧红，这个与女权低落的世俗和强势命运抗争 31 载的女作家。在《女子装饰的心理》一文中她写到当时的社会“男子处处站在优越地位，社会上一切法律权利都握在男子手中，女子全居于被动地位。”她更悲愤地给自己盖棺定论:“我一生最大的痛苦和不幸，都是因为我是一个女人。”读文章的书，我慨叹当代的女性有着怎样的福分！修身养性，以不断充实更新的智慧和美丽来护卫自身的和家庭的幸福，就是对这个福分的珍惜。这也应该是《好女人兵法》更大的意义之所在吧。

（《侨报》副刊，2011 年 11 月 6 日）

小议“贞”：读文章长篇小说《失贞》有感

刚读完《失贞》时，觉得自己不是写该小说评论的最佳人选。为什么？《失贞》在她第一个层面的含义上，指男女之间，特别是女对男的失贞。小说写了许多男女之间的感情乃至性爱上的纠葛。那些男男女女，那么容易就可以受到新的诱惑，移情别恋；而同时他们又都受着“不贞”或者说婚外情情外恋这个双刃剑的伤害。我这个情路相对直溜、情论相对单纯的人，读着那些情节，心中禁不住问自己：这个真实吗？

正好网上爆出美国两位四星将军和两位已婚女子之间的四角恋新闻。就不说中情局长吧，鼎鼎有名的阿富汗前线总司令约翰·艾伦将军，前不久我还看到他的电视采访，一身的英雄气概，让我敬佩有加。难不成美人面前，英雄气短？我和同事提起，同事说，这么说吧，这种事情一直在发生，只不过现在网路资讯发达，人们又特别喜欢炒作桃色新闻，于是就搞得天下沸扬。我说是啊，也许当年华盛顿总统也有……“不是也许。”另一位同事插话。

这就是饮食男女，再自然不过，再真实不过，管它什么五角大楼，白宫案台，烽火前线……人的色性冲破一切社会、伦理甚至政治和军事的壁垒和森严。男欢女爱，是人性的重要组成部分，难怪它成了小说的常青常火题材。

红火题材，《失贞》却有她的特色。小说中的人物不缠绵也不古典，没有死去活来的痴情。书中男女在貌似狂野的露骨性爱底下隐藏着的是冷静、峻峭和城府。作者直面各种矛盾漩涡里的人性软肋，描写不迂回也不虚晃。在生动逼真的描写里作者还常嵌入发人深省的旁白，分享对男女心态以及男女关系的细腻观察体验和深度思考，读时常让我拍案。

小说结构和叙述方式也有新颖亮点，故事在时空上纵横交织，层层推进。小说故事和书中女主人公笔下的故事之间交相映射渲染，真所谓书中有书，故事中有故事。

然而《失贞》最大的特色，在于她对“贞”的集中刻画，她的故事围绕着“贞”这个精灵展开。

贞，在爱情的层面上就是专一、忠诚和执著；贞就是承诺。就人类爱情和婚姻的本性上说，贞是基础，是前提。没有承诺的所谓爱情和婚姻是靠不住的。那就是为什么《失贞》中的男女分分合合，聚散无常；纵观整部小说，这种承诺不存在于东方涓和夏阳、东方涓和高原、王丽娜和王坚、王丽娜和高原、东方涓和陆放鸣，甚至东方涓和乔力波之间。在分别二十年后，乔力波和东方涓之间仍然没有掷地承诺声，而是乔轻轻的一句问：“我们不要再分开了，好吗？”这些人物之间的所谓爱情，更多地从属于这些人物的个人需求、私欲，包括前途欲、舒服欲、物欲、肉欲等等。《失贞》作者对所谓忠诚似乎另有思考，小说两度引用《半生为人》里的话：在任何情况下，我都没有义务向任何人承诺忠诚，当然也包括你。忠诚不是两性关系的前提，只是一种可能的结果。书中女主人公东方涓“认为这句话很精辟地阐述了忠诚的真实含义”。这一点我无法认同。不论是非，贞是爱情和婚姻的天然前提这一点永远无法颠覆，这个是爱情和婚姻的本性决定的，除非我们抛弃爱情和婚姻，或者玩弄语言文字重新定义爱情和婚姻。

郑秀文有一首歌就叫《承诺》，歌中唱道：“承诺你别说，只要此刻在乎我……在你心中你的最后不是我，你只是路过。”是的，没有承诺就等于苟合，就只是路过。没有褒贬，我只是客观陈述。

《失贞》所透露出来的对“贞”的重新思考，代表了现代人在物我之间的思考，反映了现代人的一种生活时尚。确实，把个性解放和个人价值看得比什么都重的现代人，实在很难做到贞，贞对新新人类来说不是虚妄就是残酷。

其实，贞也好，忠诚也好，都只是第二位的东西。在论及忠贞之前，首先有个爱得多深看得多重的问题，也就是说忠贞的背后是一个人的价值观。东方涓对乔力波的爱情缺欠首先就在于它没有强烈到成为东方的首选。一个更大的欲望：出国，轻而易举地就分开了他们俩。这样一种力度的爱情，如何能谈忠论贞？它根本经不起风吹草动的骚动和诱惑！东方涓后来接二连三的“失贞”是必然的。

《失贞》从一个侧面描述了从上个世纪七十年代末开始的出国热。那时许多人想方设法，排除万难地要出国；出了国后又千方百计地想留下来。小说因此较为自然地就把贞更往前推进一步，揭示贞的另一层意义，那就是国民对于祖国的关系。其实无论是男女之间，还是人与国之间，“贞”的道理都一样：关键就看你是把自己放第一位还是把自己以外的东西放第一位，这是人类的经典哲学议题。人不为己天诛地灭，人往高处走，享受更大物质和自由的欲望战胜了对祖国的爱；而出国这一大欲，更直接冲击着爱情这个小贞。从小说里我读得出来，作为这批人中的一员，作者有过许多思索寻觅，是相当挣扎的。挣扎到最后，作者为自己找到了心灵的出路。一方面，作者借笔圆梦，让她的女主人公最后回归了祖国；另一方面，作者用“曾经沧海难为水”来表达自己内心对祖国沧海般的不移情感。这一点有着相同人生轨迹的我很能理解。这是作者镶嵌在小说里的真实情感和珍贵文心。

以爱情为题材，《失贞》写的不是缠绵悱恻的浪漫爱情，不是公主王子的童话式爱情，更不是山盟海誓、地久天长的经典爱情。虽然不情愿接受，我还是不得不说《失贞》里描绘的是生活里真实存在的东西，《失贞》反映的是真实的人性。作者以她的深度思考和描写，以她笔下个性鲜明的人物和他们的故事吸引着我，引发我的思考。通篇读下来，我禁不住地觉得在这个人欲横流的时代里，贞是一个多么脆弱和可笑的东西，假如它还是个什么东西的话。人为己无可非议，但是从人性升华的角度看，那些充满美感和震撼力的，永远是人性里那些无私的光辉；贞，就在这光辉里，无论人如何解放自己。

（《侨报》副刊 2013 年 3 月 2 日）

这本书，《童心·童声》

这本书，《童心·童声——首届大礼堂杯怀旧故事大奖赛获奖作品》，万里迢迢，在海上走了两个半月，终于到了我的手上。书的内包装非常好，虽然外封多处破损，书是好好的。我捧着它，高兴，欣慰，感动！

真是珍本，排版装帧纸张等我都很喜欢。爱不释手，不仅因为有我自己的作品，更因为有其他许多作者的特色作品，真情文字。偌大中国，都市言情的多之，青葱校恋的多之，但是童年怀旧故事集，应该就只有这一版了。

书的标题明示是“故事”，读着读着，我也渐入“听妈妈讲那过去的事情”的境界。我不知道这个境界还时不时髦，当代崇尚即时事。Yahoo 网站首页有个热门话题榜，更新变化以小时甚至分钟计算。信息时代里时间仿佛变快了。什么事情，过几个月，甚至几个星期，几天，就成了人文的剩菜，感兴趣的人寥寥。这个，从另一方面显示了这本书的特立独行和珍贵。

本书里的作者们年纪跨度大，从三零后到九零后不等。书中作品从不同的角度，以不同的题材，记录了作者们儿童及少年时期的经历和见闻，写生死、分离、亲情、人情、风俗习惯和山川树木等等。尽管人生的具体形态和细节会变，但是那些基本的人生要素是不会改变的，每代人都要经历生离死别，经历情爱，也经历冷酷和背叛……现在崇尚真人真事。小说编得再好，也没有真实的故事来得动人。而这部怀旧故事集写的全数是真。不仅是真，还特别纯，童心、童情的纯。这些都是本书的珍点亮点。

写散文，大忌之一是言之无物。这部怀旧获奖作品集几乎每篇都有物满满。黄兴蓉《我们的“丐帮”》写的是困难时期里她如何度过两年要饭生涯的辛酸童年往事。这个“丐帮”经历和金庸笔下带着浪漫和传奇色彩的丐帮不是一回事。它是真实的丐帮。凄惨严酷的生涯，显示了作者顽强的生存力，读了叫人心惊心疼。魏晓英《一棵梧桐树》里有一位从十八岁起守寡终生的奶奶。旧时女人守寡常在书和电影中接触到，而这一位，是生活在身边、和作者本人非常亲近的女人。这棵不凡的梧桐树，见证了作者祖父和祖母的爱情和守候。作者另一篇作品《碧草园》写了一个默默无闻住草屋，孤独了一世的邻居驼背爷爷，字里行间表现了作者一颗悲怜柔软的心对人的敏感体察和关爱。宋文涛的《姐姐》以朴素的、带着心痛的文字，写出了弟弟眼里有如慈母般的姐姐。弟弟在姐姐的背上、在姐姐的呵护下长大，可到头来他却无法保护和留住自己最亲的亲人。

对上乘散文的要求是不仅要言之有物，而且语言文字要具备文学含金量，就是语言文字要内含作者对生命、人情、人生、社会或天地万物的感悟和认识，内含作者的思考和哲理，而不是单纯的叙述人和事。这样的文字才能和读者的灵思有能动交流。进一步，这种文学含金不是生硬填进去的，它是作者思想感情和智慧的自然闪现。大礼堂怀旧故事获奖作品集里也不乏这样的优秀散文。比如老修的《断裂》。这是一篇构思非常精巧的散文。文章没有泛泛空洞地描写或议论饥饿，而是紧紧围绕着一棵被童年的他失手砍断的玉米展开作者的对饥饿的体验和感悟，刻画了作者的父亲这么一个被穷困惹怒了的人物，通过心理和细节的深入描绘，最后到达了对生命坚强与脆弱之间关系的捕捉和认知。

张雪的《棺材盛不下》以精粹含蓄的文笔，描写了一位厚道善良的祖母和一个刻薄虚伪的母亲。读着读着我便联想起了萧红散文，比如《春意挂上了树梢》。这位八零后或是九零后年轻作者的文笔和文思相当不凡，显示了极大的散文潜力。

另一位作者如荷的文笔也相当优美不俗，令人难忘。

《童心·童声》，如此丰盛，如此真纯，隐藏着深厚的灵命，闪烁着聪慧和才华。世间的有钱人大致是幸福的吧，我不甚确定，但是一书《童心·童声》在手，我确实感到很幸福，很富有，也因此很感恩。

（《赤子杂志》2012年3月号，写于2012年3月13日　美国洛杉矶　佳思地）

爸爸的诗

几个月前父亲告诉我他找到了他几十年前蜗居小镇旧宅永高山时所写下的诗卷，我心中欢喜，虽然几分惊讶父亲怎么也写诗，却无期冀。后来父亲又说，市报文学版编辑叫好，欲刊载他的诗作。我听了心中再喜，却仍无大波动。之所以心喜，是父女情使然。无甚波动么，是因为我自小就知道爸爸妈妈在文学领域是有分工的：母亲是诗情才女；父亲先是独步戏剧，后来耕耘地方文史，潜心学问，成绩斐然，写诗么，还真从来没听说过父亲涉诗。

前日电邮万里来，给我送来了父亲的诗稿——《情感世界》。打开来细品几首，我的情绪由心喜转为欣喜，转吃惊、感动、震撼、沉思……我完全没有想到父亲真能写诗，并且写得这么好！

读父亲的文史著述，我只能从抽象的文字里体验爸爸；而这一稿诗卷，血肉丰满，是爸爸人生经历、体验和追寻的写真，是父亲情感和人格的外化，它是父亲的生命篇章。我从来没有像现在这样了解和贴近爸爸：一个儿子，一个男人，一个丈夫，一个父亲。

父亲出生的时候，我们曾家的离乡背井、流离失所和与之相伴随的种种坎坷苦难勉强熬到了一个段落，而国难仍在继续。说起国事，父亲一生经历了各式军阀混战，抗日战争、解放战争以及新中国以后的大小无数次政治经济运动。压力不仅来自外部，也来自家里。作为独子的父亲，既担当起照顾年迈父母的职责，也无微不至地照顾我那一生体弱的母亲。读《情感世界》之前，我就深知父亲那惊人的抗压力。他性格惊人的坚韧和乐观，感情惊人的深沉绵长。不过这些了解更多停留于理性。今日读《情感世界》,我才深深地从感性的层面感受着父亲的那一份坚韧、细腻、孤寂和浪漫!

真情实感是诗歌的内动和外撼力的一个主要源泉。困居永高山的十二个春秋，父亲尝遍人间百味，更如同苍鹰被缚，雄狮陷穴般的郁闷、苦恼、孤独和乏望。《情感世界》从各个方面真实反映了这个时期父亲的各种追寻、坚持和各式感觉、心态。

生性倔强，理性达观的父亲，没有被人生的灰暗所击败，他似乎总能在夹缝里找到自由和张狂。在灰暗的深谷，父亲不仅总是看到一线天光，也总是能拥抱那似乎来自无处的花香。《情感世界》里的许多诗篇都体现了父亲的这一性格特征，比如《献》、《自己》、《夹缝》、《烟》、《春》。底下是《春》：

能说世途不艰辛
能说道路不坎坷
亲人永诀的锥心泣血
爱情失落的痛苦忧伤
追求化为泡影
理想冰释烟消
青春在无声中褪色
心灵在迷幻中颓唐
光阴荏苒
岁月磨难
有了你的青睐
生命　从失望中开始
生命　从希望中扬帆

那个支撑着父亲，使他能在诸多人生打击底下仍然希望扬帆的“你”，应该是一种情和信念。其中信念也包含人活世间所恪守的人格和准绳。《情感世界》有不少诗借物表达诗人对人性美好品格的赞美，自勉之意溢于言表，比如《蚯蚓》、《乌龟》、《雄狮》、《玻璃窗》等等。和母亲一样，父亲也喜欢骆驼，于是有了《骆驼》一诗。诗人通过这一系列诗章，形象描写了奉献的、恬淡的、安详的、坚忍的、奋勇的和凛然的人性和风骨。《孙悟空》一诗，发出了对真善美的热烈歌颂。

诗集里还有许多诗真实反映了那个特定时地里诗人的各种感触和情绪。《千里马》、《老马》有点借物而顾影自怜的意味。《梦幻》、《苍茫》写出了困顿生活里诗人心中产生的各种幻象以及心头的苍凉感。《金鱼》表达诗人虽居陋室抱负常在的胸怀。《等》、《绝望》、《静夜不思》等顾名思义，显示了诗人生命和心灵的低潮。《心迹》和《我爱》则直抒胸臆，再次展现了诗人昂然的自信、对寰宇光明面的向往和不向黑暗面屈服的顽强性格。

《落叶》是一首构思巧妙的小诗：

不知你从什么时候失落
不知你将在什么时候
化为灰烬
变成泥土
莫名的我 这时
正从你的身边
默默走过

这首诗是本诗集里寓己于物，借物喻人手法的典型代表。

爱情一直是古今中外诗歌的一个主要内容。正如诗人所说："假如人间失去真爱，和爱情同逝的，是美丽诗篇。"《情感世界》里有大量的爱情诗歌，表达了诗人对爱情的渴望、追求、赞美和坚守。这些诗篇感情真挚，词句优美，情思幽深，能引发读者的共鸣。《我愿意》和《爱之路》，让我看到何为出生入死之情种，感受到了父亲情感中极其炽热的那一面。

《情感世界》爱情诗的一个特点，是爱情时常和诗人的其他心境糅合在一起，使得这些情诗醇厚饱满，富于层次。《心中细雨》是一首独步幽境，柔情委婉的抒情诗；《仿普希金〈致凯恩〉》是一首出色的仿诗；《回来吧 我的小精灵》诗心层叠，有自怜，有怜爱，有孤独，有关怀，还有温柔……叫人读了心灵颤抖，百味交融。

除了爱情，诗人也在许多地方抒发了自己对家乡的依恋和朴素情感，比如《家乡》、《献给妻子》、《我爱家乡的山》。

《情感世界》里也有不少现实主义诗作，它们有的是作者对现实的针砭，比如《鬼》、《荒谬》；有的表达诗人对平民苍生的顾念，如《小草》、《尘土》、《弦音》、《无声的生命》。这些诗凸显诗人那一份悲天悯人的、细腻和苦痛的爱心，这爱心甚至深入到小鸟、小猫等等小动物的身上。

文学作品讲求含金量。《情感世界》里的诗无论题材体裁，常蕴含着诗人的观察和思考，许多诗句是诗人人生体验的结晶。这些思想蕴藏使得诗歌富于弹性和张力，有着引发读者思考和共鸣的空间。本诗集里有一些诗本身就近乎是哲理诗，比如：《距离》、《寂寞》。底下这首《沐浴》揭示了世间现象之间的因果关联：

荒山　只因失去
绿色
涸涧　只因失去
流水
昏暗　只因失去
光亮
废墟　只因失去
人迹
心的空虚　只因失去
爱的沐浴

另一首《名》是一首形象的哲理诗，让我想起了小时候爸爸和我分享过的他对"我"的思考。

诗歌虽多抒情言志，但是它和散文小说一样，也是要言之有物的。诗歌的言之有物常常表现在它的借物、比喻和意象、意境上。这方面《情感世界》非常出色；它的诗句不是平板苍白的，而是有着丰富和生动的感性色彩和悠扬的意象空间。

诗歌虽短小，写起来并不简单，它也要求厚积薄发。爸爸妈妈都是行万里路读万卷书的人。大概因为这个缘故，这部诗集里的诗歌语言娴熟优美，词语丰富。有些词汇我不熟悉，经查询才知道它们的出处。底下这首《恬淡》颇能代表诗人这方面的功力：

顶天
虽有那淡天刷墨　云诡波谲
我却见那响晴勃日　光风霁月
立地
虽有那沧海横流　桑梓暮景
我却见那云蒸霞蔚　日升月恒
侧耳
虽闻凄怨　哀鸣
我只听见那蛙鸣　虫吟

眼际

亦见疮痍　萧疏

我只看见那红花　翠绿

一寸土　一粒沙

一个世界

一个呼　一个吸

天地在我心底

晨饮朝日

暮餐素壁

自然与我为伴

自由供我相依

静

净

身随形恬

心随影淡

《情感世界》里的每一首诗，都是日记般的：它们随意、真实，点点滴滴；它们被写出来，完全不是为了发表、出版、给人看、给人夸；它们的产生完全是真实的心感灵动眼观思行的结果，它们的读者只有妈妈和爸爸两个人。这是本诗集最大的特色和珍贵处。这一点，正如爸爸《我的诗》中所述：

也许是爱情的巧遇

也许是心灵撞击

写出来的

用的不是我的笔

又如他在诗集扉页里所点：

我的诗

纪念爱妻杨清毓

并献给　心灵的忧伤与痛苦

生命的失落与希望

这样的诗，一方面有着实在的时代和个人的特色烙印，另一方面它吟唱抒发出来的亦包含着深邃的人生共性，它的共鸣和回声是恒远的。现在这部诗集就要正式出版、公之于众，作为女儿我感动，心喜，欣慰。感谢父亲分享他的心灵和生命，愿《情感世界》走出我们这家子，走向更多的热爱自然、热爱人生、热爱真善美的人们，柔弱的或坚强的，《情感世界》将会是这些人们的真诚好友。

（写于 2012 年 9 月间 洛杉矶）

一个叫芦花的女人的故事

我用散文重新演绎一个女人（女儿、妻子和母亲）的故事……

我是芦花故事[①]的作者，也是这故事的读者。每次重读芦花的故事，我都重新经历一次她的苦难和坚忍，体验她那难以言喻的温柔和女性光芒，我都重新感动一次。芦花这个女人已经超脱我的笔端，跃出书页，如同曾经存在过的全然真实的人物一般住进了我的心田。她甚至成了我的警醒和榜样。有好几次，在我失去耐性的时候，我问自己：芦花是那样地乐观和宽容，你呢？

芦花的故事起于上个世纪三十年代，从芦花和母亲的分离开始。

芦花七岁时，天不时地不利，母亲只好忍痛将她卖到别处。临别时，妈妈给了芦花一只布鸟，说看到这只布鸟，就是看到妈妈了。芦花还来不及大声哭喊，妈妈已经走出了她的视线，走出了她的生命。

没妈的孩子像棵草。十年如草的日子后，芦花嫁给了阿牛，一个憨厚的、打心里喜欢她的小伙子。不管这姻缘能不能补偿她十年的辛酸，它总该是芦花生命里的一道温馨曙光。然而也就是那么的一道光闪，很快的，由于芦花没有及时怀喜，又迷信又急于传宗接代的婆婆为阿牛迎娶了二房，进而把芦花遣出家门，让她住到一个远房亲戚石伯的家里。深爱芦花的阿牛尽管不满抗争，终于还是拧不过母亲的威严，落得个四十里路依依送妻的结局。临别时阿牛安慰芦花，说这是暂时的，

---

① 本文所称芦花的故事系本人所创作长篇小说《不能讲的故事》，2007年大众文艺出版社，首次印刷已售空。

他立冬就来接她。

芦花在石伯家也不闲着，她帮石伯种菜煮饭做家务，喂牛挤牛奶卖牛奶。走到哪里，她都是一个帮助者和关爱者。白天忙完，夜里芦花便思念阿牛，等待着阿牛来接她回家。

盼星星盼月亮，阿牛始终没有再露脸。委屈加焦虑的芦花跑回南村想探个究竟，却因身体虚弱而半路昏倒，被邻村的青年长河救起。

长河也是孤儿，已婚。发妻秀月青梅竹马，然而命运多舛，竟罹怪疾。秀月纯情善良，对长河深情厚谊。认识芦花后，暗中为丈夫相好了继室，自己寻机饮毒自断。

秀月刚走，芦花即遭无妄之灾。村人指责芦花是不祥之人，石伯只好对芦花下逐客令。

天地之大，竟没有一个普通农女芦花的立脚处。在不公的命运前，芦花表现出了空前的坚忍和逆来顺受的柔性。她，还有一只半路相识的小黄狗，一同住进了山上一间废弃的木屋。

长河芦花在秀月前兄妹相称，在秀月后恪守界限。甚至在阿牛不知去向杳无音讯后，芦花也极力回避长河的试探，在长河一次酒后失态时，芦花一时情急甚至咬伤了长河。

可男女真情终究难挡，长河得知芦花不知去向后心急如焚，四处搜寻。在一个聋哑孩子的帮助下，他在山上找到了芦花。心疼之下长河发端，两人经过苦苦的伦理挣扎，终于结合。

成亲后夫妻恩爱，育有一男一女。

命运给了芦花几年的幸福，突然再度变脸。一个平常的打石日，长河在芦花面前活生生被国民党兵抓了壮丁。他们的女儿就在两人生离死别前呱呱落地。这是书中描述：

卢俊双手还搂着爸爸，芦花把他叫了过去。

河哥，我等你，一直等你，直到把你等回来，平平安安地回来……

妹，我答应，我会回来的，我会平安回来见你的！

这是无法承诺的时分作出的承诺，因了爱。

这是元宵节，这是一年里最冷的时候。

日子，会一天天暖和起来的。

有情人，会见面的。有情人，即使分开，也在一起。

长河走了以后，芦花一人独担养育两个孩子的重担。她干活，当奶娘，内外操劳，还没忘帮助他人。学堂老师感于芦花的不幸和善良，破例收了卢俊这个学生。卢俊也不负期望，考了好成绩，被上海顶级学院录取。可学费从哪里来？芦花瞒着儿子，满镇跑给人洗衣服，想给儿子赚足这路费和学费。不料却被儿子发现了。书中写道：

几天以后，卢俊发现母亲每天的活动变了。起大早，什么活都还没做呢，她就出去了。太阳老高了才回来忙别的。卢俊心里纳闷，有一次就悄悄地跟了出去。

只见芦花手里拿着个袋子，直奔石龙镇，穿过大街小巷，到了一户人家那里，进去了一会儿，出来了，那袋子里鼓起来了。接着她又跑了另一家。

芦花大概跑了三家，然后就到了镇边上一口大井旁。那大井边上有几根石条。芦花把袋子里的东西一倒，竟是满地的衣服！

卢俊眼眶一热，眼泪差点没掉下来。他想过去叫声妈，又怕被妈知道了不好。他掉转身，直奔林先生家。

林先生，我不想去上学了！卢俊第一句就这么说。心里有事，竟没有注意到林先生正在和一位客人谈话。

世上还是好人多。那位客人，是有来头的人。他得知卢俊的身世和芦花的故事，伸出了援手，解决了卢俊的学费之难！

于是有了书中卢俊别母那一节：

她买来了棉花和布，给卢俊赶做棉袄。还有鞋子，被子……每天，在昏暗不明的油灯下，一直做到半夜。

“妈，歇了吧！”卢俊催母亲睡觉，“听林先生说了，上海是全中国最大的都市，啥都有。”

“有是有，不舒服。妈妈知道你穿什么样的才舒服。你先去睡，不用管妈妈。”

卢俊站在芦花身后，看着自己的妈妈，才三十七岁，头上，已经有了许多白头发……这要爸爸见了，该有多心疼……

慈母手中线，游子身上衣，临行密密缝，意恐迟迟归。谁言寸草心，报得三春晖……报得报不得，自己以后，一定要好好补偿自己这没过上一天好日子的苦命母亲……

送走了儿子后，女儿思河也跟着长大了。在一次电影工作者的实地拍摄里，思河被看上了，就此和电影结下缘分。那时候阿牛一家早已回来，阿牛仍然深爱着芦花，他坚决反对思河抛下辛劳了半辈子的母亲径自上北京。芦花虽没读过书，但是她明白要让女儿走出去，过一种和她不一样的全新人生。芦花虽然舍不得，为了女儿的前程和幸福，她坚定支持女儿走出山沟，走向一个她从来没有体验过的广阔世界。

妈妈走了，丈夫走了，儿女走了，芦花又是孤独一人。然而她并不孤零。阿牛回来以后，一直没有放弃和芦花重归于好的努力。芦花一方面始终怀着对长河的爱和思念，始终相信他对自己的爱，相信他会平安归来，另一方面，阿牛身边已经有了桂花 ——当初的二房。所以虽然芦花心里对阿牛这个自己最初的男人保有一份特别的温馨和情感，但是她婉拒了阿牛要她合住的请求。芦花的真诚和善良终于感动了桂花，这对命运中的准妯娌终于达成了心心相印。

思河进京，在事业和爱情双丰收之际，碰上了政治运动。有人揭发思河的父亲长河人在台湾。这个家庭背景严重冲击着思河和思河男朋友江心明的前程。思河万般无奈之下只好忍痛断绝了和男友的关系，只身回到故乡。她向妈妈哭诉经历。芦花虽然不懂政治，不懂人事，但是她明白长河是这一切不幸的客观缘由。一辈子在乡下生活的她，居然要求女儿带她到北京！她要向思河的领导当面指出：长河当上国民党兵是被迫的！

芦花赴京后，经受了她难以理解和承担的政治责问和压力。最后，为了女儿和女婿，她在和长河断绝一切关系的一纸文件上按了手印！

这就是一个母亲的担待和牺牲。底下是“新婚之夜”一节的最后两段：

“妈妈快躺好。”小江一面阻止她，一面脱口而出：“您真是世上最好的妈妈……”

“你们是世上最好的孩子。去吧啊……去吧……要一直在一起……不要分开。”

就这样，三十四岁的江心明和三十岁的刘思河，在那难以思议的千里银色缘分里，经过八年的相思苦等，在暴风骤雨过后，带着妈妈——和爸爸分开了三十年的妈妈——的祝福，度过了他们的新婚之夜……

女儿结婚后，芦花回到了山村，在阿牛默默的关爱下，开始了她如歌行板般的生活。有一天，她接到了一封不平凡的信，从台湾来的信，信的开头称她：“爱妻芦花如晤”！故事叙道：

“干爹，”芦花又问：“这，‘如晤’是什么意思？”

“就是说呀，他好像就在你跟前一样……”

“爱妻芦花如晤”，是长河信里的第一句话……

“爱妻芦花好像就在跟前……”芦花重复着那话语，拿着信，贴在自己胸前，走到院子里一棵树的后面，靠着树干，眼泪开始往下流，抽泣着，抽泣着……

她哭出了声。

长河的声音，穿过三十三年时空，有如空谷回音一般在她耳边回响……

识得几个字的芦花，开始了和长河的绕道跨海情书。谁料通信被发现了，芦花被押上批斗台。长河的来信被撕成碎片如雪花般满天飞……

接着芦花被勒令扫街道。她无怨无悔，就在一次武斗的爆炸事件中，她救出了那个批斗她的红卫兵一香。一香是美玲的侄儿，美玲少女时期对长河穷追不舍，由于爱不成而一直对芦花怀恨在心并构害过芦花。大风暴和熊熊火在把人推到人性检验台的同时也把人拉回人性的初衷。美玲重新认识了芦花，这个她一辈子也没有正眼看过的女人。

狂风暴雨以后是日春花再度盛开的日子，芦花的苦就要到头了。底下就是“长河归”：

芦花拎起水桶，小心地浇着每一个坑。

过一会儿，想再去提水，却不见了水桶。

谁呀，拿走了我的桶。芦花自言自语。

又过了一会儿，那水桶又回来了，里头满满的水！

谁呀，奇怪，还捉迷藏…… 芦花心里纳闷着。

只听有人轻轻唤着：妹子！

芦花身心一震：这个世界上，就只有一个人这样唤她——她一个转身：他就站在那里，离自已几步远，只有几步远的地方！

那几步远，芦花走了四十二年！

真是你吗，长河哥，真的是你吗……芦花显得异常地平静，她一边走过去，一边端详着，一边轻声说着……

妹子，是我，是我！长河没等芦花走到，抢前去将她紧紧揽住。

胸前已经被泪水蘸湿。

河哥，我这是在做梦吗？

妹子，来，咬这里，咬一口，就知道了。长河伸出了手。

芦花摇摇头：不用，这次我知道，它是真的！真的！我做了几辈子的梦，这次，她是真的……芦花终于哭了起来。

妹子，我知道，太辛苦你，太委屈你了……我天天盼着……没想到还能回得来……没想到会这么久…… 长河的话，断断续续，意不相接。

生命在最幸福灿烂的刺激里衰竭了，芦花病倒，一昏不醒。她的故事登上了报纸，传到了有心人那里。远方，远方来了一个人。是谁，她是谁？她是——妈妈！唯有妈妈，能滋润芦花干渴的胸膛；唯有妈妈，能唤醒她昏闭的眼睛。故事激情描述这对母女的重逢：

妈妈那布满皱纹的脸映入了眼帘。芦花的眼睛里露出了惊讶。她目不转睛看着眼前这个慈爱的面孔，淌满了泪的面孔。从那双深陷的眼睛里，芦花透过了岁月的云遮雾挡，认出了几十年前分别前的千般不舍……

妈妈脸上的皱纹在芦花的眼里一缕一缕地消失，妈妈的脸，还原到了五十八年前，那条弯弯曲曲的满是眼睛树的小路上……妈妈的额头，眉毛，眼睛，鼻子，嘴唇……

她的手吃力地伸进被单里，摸着，找着……

“妹子，你是不是在找这个？”长河拿出了那只布鸟，那只芦花怀揣了整整五十八年的布鸟！芦花凝视了长河一会儿，伴随着深邃的微笑，她从长河手里接过布鸟。

妈妈的话语在耳边震荡：丫头，总带着它啊！别丢啊！看着它，就是看见妈了；看见妈，妈就能护着你了。

芦花双手拿着布鸟，递给了妈妈……她张开嘴，多少话，一下竟发不出声来。

那只布鸟，饱含了千言万语，凝聚着无比的思渴和爱，期盼和信念。

妈妈接过了那只布鸟，摸着它上头的纹路，那些新补的线痕……

星泪如雨……

妈妈！芦花终于喊了出来。接着她喊出了第二声，第三声……

丫头，芦花，芦花我可怜的孩子！我的好孩子！妈妈搂住了她。妈妈摸遍了她身上每一处！

这对母女，穿过了五十八年的时空，重新走到了寰宇的同一点上。

五十八年，咫尺天涯，天涯咫尺。

丫头，妈知道你能挺得过来，没想到要挺这么……妈是太狠心了……

芦花没说话，只是紧紧地抱着妈妈，好像要把五十年所失去的全部补回来一般。她没有哭出声，她想到妈妈年纪这么大了，梦里她跟妈妈撒娇，可这会儿，她忍着，不让自己哭出声，只是紧紧地，紧紧地抱着自己的母亲，这位给了自己生命的人，抱着自己生命里这个最亲的源头。

丫头你咋不出声啊？跟妈妈你还不敢哭啊？丫头妈知道你难受，你要哭出来，不要憋坏了自己。

一阵剧烈的抽泣和颤抖，芦花终于放声地哭了出来。妈妈的抚摸，话语，妈妈的眼泪，有如绵绵春雨，浇透了芦花生命里最饥渴的地方。

芦花的故事，感天动地的中国女性一生的故事，它的高潮就是妈妈！

芦花的故事，一个真实生活里提炼出来的中国女性的故事，感动了几乎所有读它的人。故事传遍海内外，读者好评如潮涌。因为芦花的故事，借着一个特定年代里一个女人的命运和悲欢，展现了中国女性的美德：仁慈，宽容，坚忍，善良；展现了隐藏在这些美德之后的价值观和心态。这个价值观是无私的；这个心态里有感恩和奉献。中国女性，有着这么深邃的美丽！

芦花故事年代似乎相当遥远了，但是母性的美却永远不会遥远。包括女性美在内的人性美，连同支撑着那些美丽的价值观和信念，总给我的生活注入一种光辉、激情和动力。归根结底，人性美，不仅护卫着中国，她终将护卫着世界。

后记

2009年出了作品集《情爱·梦想·征战》后，我经历了失败和成功，喜悦和苦痛；更多的，还是孤独。不论从人生的本性，还是文学的本性，孤独都是正常的。从另外一个角度，也是更宽广的角度上看，人心中信念和大爱应该是倔强和柔韧的。这样的人心所外化出来的文字才是真诚、美好并有力量的，才能具有持久的生命。

三年来，我的文字获得了反响和共鸣：散文和小说继续跃上报刊并赢得奖项，有的被编入教材，有的被译为英文，还有的正在被制成电影。我的文学成绩登上了美国公司的月刊。

就这样一路走到了2012年的冬季，翘首2013年。梦太大了，如天方夜谭般，反而会淡出。在那淡淡的梦影里，心里更多的是实实在在的感恩以及与此相联的欢愉和幸福感。感谢神，也感谢许多懂我、爱我并使劲想要帮助我的读者和朋友。来自神和来自人的爱、鼓舞和帮助，使我的文字成为可能，也使我的文字发光，我也因此无所悔憾。

虔　谦

写于2012年11月5日　洛杉矶